«Quand on se croit arrivé,
c'est qu'on ne voulait pas
aller bien loin.»

Jean Carmet

L'ALLUMEUR D'ÉTINCELLES

Catalogage avant publication de Bibliothèque et Archives nationales du Québec et Bibliothèque et Archives Canada

Morel, Marc André, 1965-

    L'allumeur d'étincelles : 52 thèmes de réussite pour vous mettre en feu !

    ISBN 978-2-89225-678-9

    1. Succès - Aspect psychologique.   2. Motivation (Psychologie). 3. Réalisation de soi. I. Titre.

BF637.S8M695 2009   158.1   C2008-942332-1

Adresse municipale :
Les éditions Un monde différent
3905, rue Isabelle, Brossard, bureau 101
(Québec), Canada
J4Y 2R2
Tél. : 450 656-2660 ou 800 443-2582
Téléc. : 450 659-9328

Adresse postale :
Les éditions Un monde différent
C.P. 51546
Succ. Galeries Taschereau
Greenfield Park (Québec)
J4V 3N8

Site Internet : www.unmondedifferent.com
Courriel : info@umd.ca
© Tous droits réservés, Marc André Morel, 2009

©, Les éditions Un monde différent ltée, 2009
Pour l'édition en langue française
Dépôts légaux : 1er trimestre 2009

Bibliothèque nationale du Québec
Bibliothèque nationale du Canada
Bibliothèque nationale de France

Photo de l'auteur en page couverture :
MICHEL LALOUX

Conception graphique de la couverture :
OLIVIER LASSER

Photocomposition et mise en pages :
ANDRÉA JOSEPH [pagexpress@videotron.ca]

Typographie : Minion 11,6 sur 13,6 pts

ISBN 978-2-89225-678-9

Nous reconnaissons l'aide financière du gouvernement du Canada par l'entremise du Programme d'aide au développement de l'industrie de l'édition pour nos activités d'édition (PADIÉ).

Gouvernement du Québec – Programme de crédit d'impôt pour l'édition de livres – Gestion SODEC.

Gouvernement du Québec – Programme d'aide à l'édition de la SODEC.

Imprimé au Canada

MARC ANDRÉ MOREL

L'ALLUMEUR D'ÉTINCELLES

52 thèmes de réussite pour vous mettre en feu !

VOLUME 1

UN MONDE DIFFÉRENT

À tous ceux et celles qui refusent de se laisser distraire par les courants externes de la médiocrité. Vous choisissez de garder l'étincelle bien vivante et de grandir. Vous êtes les vrais allumeurs d'étincelles.

TABLE DES MATIÈRES

1

DESTINÉS À RÉUSSIR

Nous sommes destinés à réussir. Je crois fermement que nous avons tout ce qu'il faut pour réussir pleinement notre vie personnelle et professionnelle. La nature souhaite que nous réussissions. Chaque année, elle nous donne tout ce qu'il nous faut pour vivre ou survivre selon les cas, et le fait sans effort. Si je me coupe ou me blesse, mon corps prendra soin de guérir, sans mon intervention ni mes efforts. Un bébé qui apprend à marcher tombe et se relève jusqu'à ce qu'il réussisse à faire ses premiers pas sans trébucher. Une anecdote est vraiment révélatrice à ce propos.

En effet, une de nos collaboratrices au bureau me disait qu'une troisième série de dents s'était mise à pousser dans la bouche de sa grand-mère lorsqu'elle avait 108 ans! Celle-ci est décédée à l'âge de 115 ans. J'y vois autant d'indices que la vie souhaite la vie et que de grandes choses se produisent quand nous éliminons nos résistances. D'ailleurs, nous sommes tous issus de cette même source.

Destinés à réussir, oui…, mais peut-être avons-nous été programmés pour l'échec? Je veux exprimer ici par cette affirmation que tout au long de notre enfance et de notre adolescence, nous avons tous entendu des messages tels que :

« Dans la vie, si tu veux réussir, il faut que tu travailles fort! Travaille, travaille, travaille! Tu dois gagner ta vie à la sueur de ton front. »

« Dans la vie, tu dois faire des sacrifices. »

«Tu ne peux pas avoir tout ce que tu veux dans la vie.»

«Fais attention!»

«Cesse de rêver en couleur.»

Si vous avez eu le malheur d'annoncer à votre entourage que vous vouliez lancer votre entreprise ou devenir travailleur indépendant, artiste, comédien ou chanteur, vous avez sûrement entendu: «Mais voyons donc, trouve-toi donc un vrai job.»

Tous ces gens autour de nous, au sein de notre famille surtout, nous répétaient ces messages avec amour et souhaitaient notre bonheur et notre réussite. Mais s'ils nous ont transmis bien malgré eux leurs expériences et leurs croyances, s'agit-il vraiment de la réalité? Nous avons grandi avec ces messages et nous avons fini par y croire. Plusieurs années plus tard, après avoir été bombardés des mêmes croyances – l'obligation de faire des sacrifices et le renoncement à tout ce qu'on voudrait dans la vie, etc. – nous apportons du travail à la maison. Bref, on ne voit pas ses enfants, on ne fait pas un travail que l'on aime, on est moins rémunérés que ce que l'on mérite, et parfois, nous finissons même par bâtir notre vie avec un conjoint qui ne nous convient pas du tout!

Le premier pas à faire hors de ce carcan consiste à se libérer des croyances négatives et limitatives qui influencent nos choix et paralysent nos actions. Visez plutôt à en développer de nouvelles qui, plus édifiantes, sauront rendre grâce à votre plein potentiel. Commencez par changer vos pensées en lisant chaque matin pendant 15 minutes des ouvrages qui sauront vous guider dans le développement de nouvelles attitudes et d'habitudes plus saines. Méditez, riez, bougez et assurez-vous de côtoyer des gens positifs qui vous inspirent. Et soyez attentif à vos paroles et à votre dialogue intérieur, car le fruit ne tombe jamais trop loin de l'arbre.

Nous sommes destinés à réussir.
Mais peut-être avons-nous été
programmés pour l'échec? Nous pouvons
renverser la vapeur en nous
affranchissant de notre passé,
en éliminant nos résistances et
en exerçant le rôle auquel la vie
nous a conviés.

2

FAIS CE QUE TU ES

Questionné sur ses stratégies de succès depuis plus d'un quart de siècle, le célèbre parolier, compositeur et interprète James Taylor confiait en entrevue à quel point sa vie et son métier lui semblaient faciles. À l'en croire, non seulement sa carrière lui procurait-elle une profonde satisfaction, mais elle lui permettait aussi de vivre dans l'abondance, à l'abri des tensions néfastes. James Taylor est *lui-même* et cela rapporte, autant sur les plans émotif et spirituel que financier.

D'autre part, il n'est pas le seul de cet avis. L'acteur Anthony Hopkins répondait à son tour à une journaliste qui lui demandait si la suite du *Silence des agneaux* avait été difficile à faire. Et il a répondu candidement: «Rien n'est difficile, rien n'est difficile…» En effet, il est un acteur et, selon lui, il est dans la nature d'un acteur d'«acter»! Tout comme il est dans la nature d'un chanteur de chanter, d'un oiseau de voler, et ainsi de suite.

Au cours de mes conférences, j'aime bien poser à mon auditoire la question suivante: «Céline Dion chante-t-elle parce qu'elle est une chanteuse ou est-elle plutôt une chanteuse parce qu'elle chante?» Autrement dit, si elle n'avait jamais enregistré une seule chanson ni fait le moindre spectacle, en tant qu'inconnue du public, cette femme chanterait-elle tout de même dans sa maison, en famille ou entre amis? Oui! Parce que c'est une chanteuse. Et une chanteuse chante. Vous, qui êtes-vous ? Faites-vous ce que vous êtes ?

Il n'y a pas de développement personnel sans connaissance de soi. Sachez qui et ce que vous êtes. Et faites ce que vous êtes. C'est la meilleure façon d'exploiter votre plein potentiel avec moins d'efforts et de résistance.

Pendant un bon moment, nos générations précédentes ont cru que réussir voulait dire travailler dur et longtemps. À la limite de ses forces parfois. En plus de se plier à l'effort, les gens qui réussissent dans leur domaine pratiquent le métier ou la profession qui leur ressemble. Le contraire n'apporte que contrariétés et carences dans nos vies. Chacun possède un talent particulier et une manière unique de l'exprimer – un talent qui rend service à autrui, à la collectivité. C'est autour de ce talent à exprimer que s'articule notre mission de vie.

Dans la science védique, il s'agit de la loi du dharma. En sanskrit, «dharma» veut dire «but de la vie». Il est important de connaître le but de sa vie. La faculté de nous réaliser et d'attirer l'abondance existe dans l'expression de cette flamme, en chacun de nous, dont les pouvoirs de richesse sont illimités.

Nos talents, on s'en sert
ou on les perd.

3

FAIS CE QUE TU AIMES

Quand on lui a demandé quelle était la plus grande leçon apprise durant sa carrière, le chanteur Gino Vannelli a dit ceci : « Quelqu'un qui ne fait pas ce qu'il aime dans la vie, manque sa vie. » Ce n'est pas une déclaration à moitié ! Manquer sa vie…

Ne pas avoir l'envie d'aller travailler de temps à autre, c'est normal. Déborder d'énergie la fin de semaine et traîner des rhumes la semaine… ce sont des signes !

On dit que deux travailleurs sur trois « détestent leur travail » ! C'est énorme. Pourquoi ne fait-on pas ce que l'on aime ? Par sécurité ? Pour le fonds de pension ? Pour ne pas perdre ce qu'on a déjà ? Mais qu'a-t-on à perdre quand on fait ce que l'on aime ? Comme le disait Erich Fromm : « Si tu es ce que tu as, et que tu perds ce que tu as, alors… qui es-tu ? »

De toute façon, si vous risquez un peu et que vous sortez de votre zone de confort pour poursuivre la carrière ou le travail de vos rêves, vous serez en bien meilleure position de rendre service aux autres. Et « réussir c'est servir », comme le dit si bien mon ami conférencier Simon Blouin. C'est beaucoup plus facile d'accepter le changement, les efforts et les heures supplémentaires quand on fait ce que l'on aime !

L'univers ne connaît pas de vide. Si vous changez votre fonction actuelle pour aller vers votre vraie mission, vous êtes assuré que ce sera remplacé par des bénéfices équivalents ou supérieurs.

Dites-vous que peu importe votre métier ou profession de rêve, quelqu'un, en ce moment, le fait et gagne sa vie avec! Tout est possible. Allez-y… sautez! Et dites-vous que le prix à payer pour la sécurité, c'est l'insécurité! Ne manquez pas votre vie, faites ce que vous aimez!

Quelqu'un quelque part gagne sa vie
à pratiquer le métier ou la profession
que vous souhaitez pratiquer.
Pourquoi pas vous?

4

AIME CE QUE TU FAIS

Faire ce que l'on aime, pratiquer un métier qui nous passionne est une chose. Mais apprendre à aimer la tâche à accomplir devant soi en est une autre. Même si on exerce la profession de nos rêves, il y a toujours des choses que l'on n'aime pas faire. Pour moi par exemple, donner une conférence au Québec ou ailleurs dans le monde me procure 100 % de satisfaction et de bonheur sur le plan professionnel. Par contre, même avec mon emploi de rêve, je dois passer des semaines et des mois entre les aéroports, les hôtels et les 60 000 km de route par année, sans oublier toutes les tâches administratives qui peuvent m'attendre au bureau au retour.

S'éloigner de la famille et de son lit, ce n'est le rêve de personne ou presque, mais c'est le prix à payer pour faire ce que j'aime. Et j'ai appris à aimer vivre dans ces conditions. Cela me fait penser à la fameuse vaisselle à récurer après un gros repas du jour de l'An. On ne veut pas se lever pour la faire, mais sitôt qu'on s'y met, on ne peut plus s'arrêter et on s'acquitte de cette tâche jusqu'au bout !

Si ma mémoire est bonne, c'est dans la version cinématographique de Walt Disney du conte des frères Grimm, *Blanche-Neige*, que les sept nains se mettent à faire du ménage et choisissent de rendre l'expérience plus plaisante. Tout le monde se souvient de la chanson « Sifflez en travaillant ». Eh bien, en ce sens-là, au lieu de nous attendre à obtenir de la joie de nos actions, mettons plutôt de la joie dans celles-ci. C'est beaucoup plus agréable et le temps file beaucoup plus vite. Sans compter que c'est plus facile d'obtenir de l'aide des autres quand notre travail semble plaisant !

Ce n'est pas parce qu'on est heureux
que l'on chante, mais plutôt parce que
l'on chante qu'on est heureux.

5

AIME CE QUE TU ES

Les gens qui jouissent le mieux de la vie, qui ont une propension au bonheur, ont tous un dénominateur commun : leur bonne estime d'eux-mêmes. L'estime de soi, c'est la valeur que l'on se donne. Que l'on s'attribue un 10, un 4 ou -2 certains jours, cela ne change rien à notre *vraie* valeur. Elle est toujours de 10 sur 10. Nous avons été choisis et nous avons tous une raison d'être précise. Il ne nous manque rien pour accomplir notre rôle dans la vie. Certes, on peut s'améliorer, devenir une meilleure personne, oui, mais frapper 700 balles de golf avant un tournoi et le remporter ne fait pas de Tiger Woods une personne de plus grande valeur. Un joueur de plus grande valeur, oui, mais sa valeur en tant que personne ne change pas.

Pour certains, c'est naturel d'avoir confiance en eux, tandis que d'autres sont plus fragiles, plus hésitants, plus méfiants par rapport aux préjugés des autres. Sans aucun doute, l'éducation reçue des parents y est pour beaucoup. En fait, on dit qu'un enfant reçoit dans sa vie, en moyenne 424 messages négatifs et 19 positifs seulement par jour ! « Ne mets pas cela dans ta bouche. Ne cours pas partout. Ne touche pas à cela, arrête de déranger ta petite sœur. Mais tu es donc stupide ! »

La confiance en soi, c'est un amplificateur ou un réducteur de réussite. Quelqu'un qui n'a pas une bonne estime de lui-même sabotera non seulement sa propre réussite, mais aussi celle de son entourage.

La confiance se bâtit d'abord selon ce que l'on pense de soi-même et notre interprétation des résultats. Faire des choses qui nous font plaisir, rendre service aux autres, avoir des buts et passer à l'action, voilà autant de gestes que l'on peut effectuer afin de nourrir voire d'augmenter notre sentiment de valeur.

Fais ce que tu es,
fais ce que tu aimes,
aime ce que tu fais,
aime ce que tu es.

6

FAIRE LES CHOSES DIFFÉREMMENT

Il y a 2 400 ans, le philosophe Aristote enseignait ceci : « Si tu fais toujours ce que tu as toujours fait, tu auras toujours ce que tu as toujours eu. » La formule, qui ne date pas d'hier, demeure tout à fait vraie de nos jours. Je dirais que c'est même pure folie que de s'attendre à des résultats différents (ou meilleurs), tout en continuant à faire les mêmes choses de la même façon. S'attendre à perdre du poids, à augmenter ses revenus, avoir une vie sentimentale et sociale mieux remplie et améliorer ses relations avec ses enfants... tout en espérant se gaver des mêmes aliments, travailler et dépenser de la même façon, fréquenter les mêmes gens et poursuivre ses activités épisodiques avec les enfants... Cela ne fait-il pas de nous un être un peu fou ou quelque peu inconscient de la réalité ? Thomas Edison n'a pas inventé l'ampoule électrique en « travaillant plus fort » à tenter d'améliorer la chandelle !

Avoir des résultats supérieurs ou différents dans la vie ou au travail ne signifie pas nécessairement qu'on doive toujours travailler plus fort. Même si ce peut être le cas, il faut au moins faire certaines choses différemment. J'en connais qui se battent chaque matin avec leur banane pour la peler en tirant sur la tige. Mais saviez-vous qu'elle se pèle beaucoup plus aisément par l'autre bout de la banane ? Et cela se fait tout seul ! Avez-vous déjà vu un singe peler une banane ? Pourtant, il n'est même pas allé à l'école, lui ! Vous et moi pelons la banane sans essayer de la prendre par le bout où la peau s'enlève en un rien de temps depuis 30, 40 ou même 50 ans. Dans ce contexte, même si tu travailles plus dur pour y parvenir, tu n'es pas plus avancé si tu tiens à ta méthode désuète ou inefficace. Parfois, il suffit simplement d'envisager les choses sous un autre angle. C'est alors que tout devient plus facile tout à coup, et les résultats sont meilleurs. Quand on change sa façon de voir les choses, les choses que l'on voit changent.

« Si vous faites toujours ce que vous
avez toujours fait, vous aurez toujours
ce que vous avez toujours eu. »

Aristote

7

COMMENCEZ PAR LA FIN

Saviez-vous que 65 % de notre stress provient de notre manque de direction, c'est-à-dire l'orientation que nous voulons donner à notre vie: quand on ne sait pas où l'on va ni pourquoi?

Afin de réduire votre stress, de simplifier votre vie et d'améliorer vos résultats, je vous recommande de préciser vos attentes concernant votre vie personnelle et professionnelle, et de les écrire (seulement 3 % de la population le fait). Et plus ces objectifs sont précis, plus il y a de fortes chances qu'ils se réalisent. Il faut donc commencer par les inscrire sur papier.

Voici quelques directives à respecter afin d'augmenter vos possibilités de réussite:

1. Prenez soin de fixer vos objectifs par écrit (les avoir seulement en tête ne suffit pas). Débutez par la fin, c'est-à-dire ce que vous voulez avoir atteint à la fin de l'année, par exemple.

2. Ayez-en pour chaque domaine de votre vie (carrière, finances, condition physique, santé, aspects émotif, social, familial, spirituel).

3. Limitez-vous à 10 objectifs par catégorie à la fois.

4. Conjuguez-les au temps présent en utilisant le «je» et un verbe. Exemple: «Je suis le prochain directeur de ce service.» Et il faut le croire pour le voir!

5. Assurez-vous de viser des objectifs S. M. A. R. T. (spécifiques, mesurables, atteignables, réalistes et dans un temps donné). Un rêve n'est qu'un rêve, jusqu'au jour où il est mis sur papier avec une date-butoir prévue pour sa concrétisation. À ce moment-là, il devient un projet à part entière, bien inscrit dans le temps, et ce projet peut alors devenir une réalité.

6. Tentez de créer un thème ou un slogan qui rassemble plus ou moins tous vos points. Cela augmentera la focalisation et vos chances de réussite.

7. Gardez-les ensuite bien en vue (dans votre agenda, près de votre miroir, sur votre réfrigérateur, à un endroit où vous les verrez régulièrement).

Allez-y! N'attendez plus et commencez par la fin!

On peut littéralement faire de la magie
avec du papier et un crayon.

8

OUI, JE LE VEUX

Je veux une plus grande maison, une nouvelle auto, un bateau, un chalet, j'aimerais rencontrer quelqu'un… Nous en voulons, des choses! Et il n'y a pas de problème avec ça! La question soulevée, c'est: pourquoi ne les avons-nous pas? Écoutez les gens parler autour de vous: «Comment ça va? – Aaah! pas si mal!»; «Vas-tu en vacances cet été? – Non, je n'ai pas d'argent, tout est trop cher! – Aaah… l'argent! – Es-tu allé t'entraîner hier? – Eh non, je n'ai pas le temps… Je n'ai jamais le temps de rien faire.»

Remarquez-vous le nombre de messages négatifs en matière de carences, de manques énoncés dans ces conversations banales? Qu'en est-il dans toute une journée! C'est impossible d'attirer quelque chose de positif dans sa vie quand on pense et parle constamment du contraire. Au lieu de passer du temps à répéter ce que vous ne souhaitez pas de votre partenaire idéal, faites plutôt la liste de vos attentes envers lui ou elle: en privilégiant ce que vous voulez et non ce que vous ne voulez pas.

Adoptez le même principe pour vos finances. Quand vous manquez d'argent, pensez à de l'argent qui entre dans votre vie, imaginez votre compte de banque avec précisément le montant désiré. N'axez pas votre énergie sur ce qui n'est pas là. La vie ne fait pas de cadeaux et ne triche pas. Elle vous renvoie votre énergie. Toujours. Par le biais des événements et des personnes que vous rencontrez sur votre chemin.

Je ne vous demande pas de comprendre comment cela marche, seulement d'y croire et d'essayer, un désir à la fois. Personnellement, je n'ai pas la moindre idée du mode de fonctionnement du moteur et des engrenages de mon auto. Cela ne m'empêche pas de l'utiliser chaque jour avec confiance, sachant qu'elle va démarrer et emprunter la direction que je lui assignerai en tournant le volant. Votre esprit, c'est votre auto. Dites-lui où vous voulez aller, pas où vous ne le voulez pas... Je vous livre un dernier exemple. Si vous allez sur le moteur de recherche Google dans Internet et que vous tapez «pas de hockey», devinez ce qui va sortir. Exactement! Vous avez tout compris. On y verra tout ce qui existe sur le hockey.

Branchez votre esprit sur les solutions et les possibilités, pas sur les problèmes et les manques. Et dites «oui, je le veux» à vos désirs.

La vie ne fait pas de cadeaux et
ne triche pas. Elle vous renvoie
votre énergie. Toujours.

9

L'ŒUF OU LA POULE

Connaissez-vous l'histoire de ce fermier qui a vu un jour sa poule lui pondre un œuf en or? Eh bien, il s'agit d'une vieille légende israélite. Le fermier en question était allé faire évaluer son œuf par le joaillier du village. C'était de l'or véritable. Il était donc plus riche que la veille. Puis, le lendemain, la poule a pondu un autre œuf; et le surlendemain, un autre; puis, ainsi de suite, jour après jour.

Non seulement le fermier était-il de loin l'habitant le plus riche du village, mais il en était même devenu avare à la longue. Il en voulait toujours davantage. La poule ne pondait pas assez vite à son goût. Donc, un bon matin, à bout de patience, il s'est fâché et a coupé la poule en deux, dans le but de récupérer d'un seul coup tous les œufs à l'intérieur de ses entrailles. Mais, bien sûr, il n'y avait pas d'œufs. Le pire, c'est qu'il n'avait plus guère de poule non plus : par conséquent, plus de poule, plus d'œufs en or.

Trop souvent, un peu comme le fermier dans cette légende, on devient impatient. On en veut plus. Toujours plus et toujours plus vite. Et, par la force des choses, on finit par tuer la poule. Et la poule dans tout cela, c'est qui? C'est quoi? Ce peut être notre client. On pense trop au profit au lieu de rendre service, de donner et de récolter naturellement par la suite. Mais aussi, ce qui est encore plus tragique, on connaît de plus en plus de cas d'épuisement professionnel. Ta richesse, c'est avant tout ta capacité de produire. Ce n'est pas tellement ce que tu accumules. Si tu perds tout ton avoir, peux-tu te rebâtir à partir de ce que tu es? De tes talents? La réponse, c'est oui. Parce que vous avez tout en vous pour reproduire cette richesse-là.

Attention à ta poule, tu n'en as pas deux!

Votre richesse réside
dans votre capacité de produire.

10

UNE EXCUSE OU UNE RAISON

Quelle est la différence entre une excuse et une raison ? Si j'arrive en retard au travail et que j'explique à mon patron que c'est à cause d'un bouchon de circulation, il s'agit d'une excuse. Des ralentissements de circulation, il y en a dans tous les villes et villages du Québec et de l'Europe, de Gatineau aux Îles-de-la-Madeleine et de Deauville à Nice. Par contre, si vous arrivez en retard à cause des 40 degrés de fièvre de votre fille de 3 ans qui vous ont poussé à l'urgence de l'hôpital ce matin-là, c'est une bonne raison !

Les raisons qui font obstacle à notre destinée, à notre réussite sont tout à fait indépendantes de notre volonté. En revanche, on peut facilement reconnaître une excuse dès qu'elle est donnée. Car très souvent, notre esprit commence à chercher la meilleure façon d'expliquer notre échec, notre manque, notre retard aussitôt qu'il y a une faille quelle qu'elle soit. Aux prises avec la circulation dense, seul dans l'auto, vous regardez l'heure et vous vous mettez à passer mentalement en revue toute une liste d'excuses potentielles, dans le but évident de trouver la meilleure justification. C'est un réflexe bien humain. En fait, l'être humain est ainsi fait qu'il souhaite ne jamais perdre la face et qu'il tente à tout prix d'éviter la douleur associée aux sentiments de culpabilité et de honte, voire à l'humiliation. C'est fort, l'ego d'un homme ou d'une femme. Des nations entières sont entrées en guerre pour la question d'avoir… raison.

« Faute avouée à moitié pardonnée », nous disaient nos grands-mères. Laissez tomber les excuses.

Les gagnants n'ont pas d'excuses,
seulement des plans.

11

LA DISCIPLINE, C'EST LA LIBERTÉ

Selon le Dr Scott Peck, éminent psychiatre et auteur du livre à succès *Le Chemin le moins fréquenté*[1], la définition de la discipline n'est ni plus ni moins que «le pouvoir de retarder la satisfaction». Et il semble qu'une part de discipline soit innée chez l'être humain, mais que plusieurs l'auraient perdue au sortir de l'enfance. Des recherches démontrent que les enfants, de façon intrinsèque, mangent d'abord les aliments de leur assiette qu'ils aiment le moins (les légumes, par exemple) avant d'attaquer ce qu'ils préfèrent. Il semble donc naturel d'évacuer ce qui nous déplaît avant de faire ce qui nous enchante – on garde le dessert pour la fin, finalement!

Devant la perspective de s'entraîner trois fois par semaine ou de faire ses devoirs avant d'écouter la télé, trop souvent, la discipline est perçue comme un boulet ou une barrière à notre liberté. En fait, elle est tout le contraire. La discipline, c'est la liberté. Ainsi, se discipliner à épargner et à respecter son budget permet de bâtir un réel pouvoir financier et de se payer des fantaisies qui nous font plaisir, en plus d'une retraite confortable. C'est aussi grâce à la discipline scolaire que l'on aspirera à des postes mieux rémunérés, nous donnant plus de pouvoir et de liberté dans la poursuite de notre carrière.

---

1. Scott Peck, *Le Chemin le moins fréquenté*, Paris, J'ai lu, 1990, 377 p.

Et que dire de tous ces athlètes qui, par leur assiduité à l'entraînement, ont visé la perfection ? Peut-être ne l'ont-ils pas atteinte, mais plusieurs ont pu réaliser leurs rêves, accéder à la célébrité et la gloire, tout en savourant un profond sentiment de satisfaction personnelle. C'est la discipline qui nous permet de tels accomplissements et qui soutient notre motivation à faire des gestes importants pour nous, notre famille et aussi pour nos amis.

La discipline, c'est un passage obligé.
Sans quoi, nous demeurons esclaves
de nos désirs et aspirations, sans jamais
y avoir vraiment goûté.

12

CHANCEUX OU PRIVILÉGIÉ

Au gala Artis 2007 au Québec (cérémonie où l'on remet des prix aux artistes en fonction du vote du public), le comédien et animateur Charles Lafortune a accueilli l'un de ses deux prix de la soirée en partageant avec nous une courte phrase toute simple, mais qui en révèle beaucoup sur le personnage et son succès. Il a dit ceci: « Je ne me considère pas nécessairement chanceux dans la vie, mais je me considère quand même comme privilégié. »

Passionné des lois de la réussite, j'ai tout de suite saisi la nuance. Selon moi, l'animateur disait toute sa reconnaissance vis-à-vis de ce qui lui arrive: il pratique le métier qui lui plaît, il est très convoité, ses patrons l'estiment et son public l'aime. Aussi a-t-il été consacré la personnalité Artis masculine de l'année. Il fait partie du « *happy few* », comme il le disait si bien.

Il reste que tout cela n'en fait pas un chanceux. Qui sait les plaisirs et gratifications qu'il a dû refuser pour parvenir à cette condition « privilégiée »? Sa vision de la vie a-t-elle été épargnée ou altérée? À quoi a-t-il dû renoncer afin d'embrasser sa carrière? Il a fait des choix. Il faut avoir le courage et la discipline de dire non au soleil et aux amis quand c'est le temps de travailler ou d'étudier. Sachons saisir le pouvoir de retarder la satisfaction. L'ex-plongeuse olympique Sylvie Bernier expliquait les exploits du champion plongeur Alexandre Despatie par ces 5 ou 10 petites minutes d'efforts supplémentaires consentis à la fin d'une séance d'entraînement, quand la plupart des autres ont déjà quitté la piscine. Ce court laps de temps investi de manière répétée finit par faire la différence.

On ne peut le nier, la vie lui a donné une belle gueule, du charisme et une grande intelligence, mais les êtres pleins de talents gaspillés ne manquent pas dans notre société. Ce n'est pas ce que tu as ou ce qui t'arrive dans la vie qui fait la différence, c'est ce que tu fais avec.

Être chanceux, c'est bien, mais c'est rare. Être privilégié, c'est de ton ressort et c'est encore meilleur! Et l'attitude de gratitude qui l'accompagne t'aide à en recevoir davantage!

13

LES AFFAIRES NON CLASSÉES

Qui n'a pas un tiroir de bureau ou de maison qui mérite que nous lui accordions notre attention pour le ranger? Un grenier! Un garage! Ou l'album photos à classer! Nous avons tous une liste de tâches à effectuer, qui traînent depuis longtemps, trop longtemps! Les affaires non classées, non terminées nous gênent et minent notre esprit. Elles finissent surtout par nous immobiliser, nous paralyser, sans compter la perte de confiance en soi qui peut s'ensuivre.

Rappelez-vous simplement ce samedi où vous aviez concrétisé votre intention de tout nettoyer dans votre garage et sur votre terrain! Rappelez-vous comment vous vous sentiez: fier, heureux, satisfait, soulagé... LI-BÉ-RÉ! C'est un état merveilleux.

Lors de notre enfance, nos parents nous disaient de terminer ce que nous avions commencé. Je n'avais aucune idée à quel point cette leçon anodine du quotidien pouvait cacher des vérités sur le bonheur, la santé et la réalisation de soi.

À ne pas s'atteler à des tâches, on finit par traîner un boulet qui devient de plus en plus gros et lourd à porter. La vie est assez exigeante sans qu'on en rajoute.

Je vous recommande donc de faire une liste de tout ce qui «s'éternise» depuis trop longtemps. Ensuite, trouvez ce qui vous désole le plus de ne pas l'avoir encore réglé, ce qui pèse le plus lourd dans la balance, inscrivez l'activité tout de suite sur votre calendrier et passez à l'action au moment convenu, quitte à procéder par étapes! Finies les excuses! C'est un rendez-vous avec vous-même comme si vous preniez l'avion pour aller en vacances. On prend des vacances pour se sentir mieux après: même chose dans ces cas extrêmes.

Réglez vos affaires non terminées et vous ferez de la place pour du meilleur et du neuf dans votre vie.

Prenez rendez-vous avec vous-même.

14

RETROUVER ET GARDER
SON ÉNERGIE

La réussite, c'est aussi physique. Que faire lorsque notre niveau d'énergie baisse? Je vous propose cinq étapes. Il s'agit de la formule REPAS, ou R-E-P-A-S.

1. **RESPIRATION:** Nous utilisons à peine 10 à 15 % de notre capacité pulmonaire. Il a aussi été démontré à plusieurs occasions que notre niveau de santé et la force de notre système immunitaire sont directement liés à la qualité et à la profondeur de notre inspiration, sans compter que 75 % de nos toxines sont éliminées lors de notre expiration.

2. **EXERCICE:** Inutile de le répéter, c'est en dépensant de l'énergie qu'on en récolte. Au cours d'une activité cardiovasculaire, le corps sécrète une drogue naturelle dans le corps: l'endorphine. Il s'agit de la fameuse drogue du joggeur. Elle procure une sensation de bien-être, d'euphorie. L'activité physique est une façon sûre d'éliminer le stress, de prévenir les blessures et la maladie. Et c'est gratuit! Pourquoi s'en passer? À ce sujet, je vous recommande mon livre *De l'Énergie à vie: trouver et garder la motivation au gym.*

3. **POSTURE:** Aussi étonnant que cela puisse paraître, notre façon de nous tenir la tête, le dos, les épaules a une incidence directe sur notre

vitalité. La preuve : essayez de « déborder d'énergie » en marchant le dos courbé et les épaules vers l'avant, pour voir !

4. **ALIMENTATION :** Un autre incontournable. Pas de surprise, ici non plus. Pour avoir le maximum d'énergie, mangez « vivant » et à 80 % de teneur en eau – seuls les fruits et les légumes nous procurent cela. Il faut aussi éviter les sucres, raffinés surtout – rien de pire pour les baisses subites d'énergie.

5. **SOMMEIL :** Il n'y a rien comme une bonne nuit de sommeil réparateur, sept jours par semaine. Et ce sommeil réparateur sera plus facilement atteint si les quatre étapes précédentes sont respectées.

Alors, suivez la formule REPAS pour garder un haut niveau d'énergie, été comme hiver.

C'est en dépensant de l'énergie
qu'on en obtient!

15

LE DOSSIER INTITULÉ « SUCCÈS »

Nous avons tous besoin d'une tape dans le dos à un moment ou à un autre. Que ce soit pour avoir bon moral ou passer au travers d'une période un peu plus difficile. Chacun a sa croix à porter à l'occasion.

Pour nous aider dans ces situations, je suggère de conserver précieusement toutes les preuves de réussite et tous les témoignages de reconnaissance venant de clients, amis ou collègues, dans un dossier intitulé « Succès ». Vous pouvez préserver aussi ces marques d'attention dans un dossier électronique créé pour la circonstance, en plus de votre dossier de classeur. Tout devrait y être consigné et répertorié. Que ce soit un remerciement ou des félicitations pour un travail bien accompli, un honneur ou une reconnaissance que vous avez reçus, tous ces éléments ont un point en commun : ils vous ont fait sentir bien, apprécié, important. Les sentiments d'importance et de contribution appréciée sont les plus puissantes motivations du monde.

Donc, lorsque l'on traverse des journées comportant d'importants défis, il est bon de se rappeler qu'il n'y a pas si longtemps, on excellait, et que nous obtenions la reconnaissance en conséquence ! C'est dans ces moments où l'on est laissé à soi-même devant des obstacles à franchir qu'on a le plus besoin de cette fameuse tape sur l'épaule ou dans le dos. La plupart du temps, dans ces moments cruciaux, personne n'est là, tout près de nous, pour nous encourager ou nous rappeler nos réussites. Mais dans le dossier

«Succès», vous aurez toujours sous la main cet appui moral auquel recourir. Personnellement, j'y garde les cartes de remerciement, notes d'appréciation, commentaires, certificats d'accomplissements, photos inspirantes de moments que j'ai vécus, les témoignages, les courriels de félicitations, etc.

Alors, gardez votre dossier «Succès» bien garni et à portée de la main, afin de retrouver instantanément la confiance devant les missions à accomplir et ce si cher sentiment de pleine valeur.

Les sentiments d'importance
et de contribution appréciée sont
les plus puissantes motivations
du monde.

16

FINIES LES RÉSOLUTIONS

Finies les résolutions! Oui, vous avez bien entendu! Vous savez très bien comme moi que la prise annuelle de résolutions est une perte de temps et ne fonctionne pas. Voici pourquoi: selon la définition du Larousse, une résolution est une *décision prise avec la volonté de s'y tenir*. Avec la *volonté*... Voilà pourquoi cela ne fonctionne pas. La volonté chez l'être humain constitue à peine 5 % de sa force. Nos habitudes de vie et notre inconscient constituent les vrais moteurs de notre pouvoir personnel.

Par conséquent, que l'on souhaite perdre du poids, rembourser ses dettes, cesser de fumer, se mettre à faire de l'exercice de façon régulière... toutes ces intentions sont excellentes, mais pour voir le jour, elles doivent devenir des engagements.

Première étape pour tenir vos engagements: écrivez-les et assurez-vous qu'ils seront positifs, précis et mesurables. Par exemple: *de janvier à décembre, je vais au gym trois fois par semaine.*

Deuxièmement, je dresse une liste de 10, 15, voire 25 raisons pour lesquelles il est important pour MOI de respecter mon engagement. Compris? Pas les raisons de mon conjoint ou ma conjointe, du médecin ou des médias. Et je colle ma liste sur mon frigo, mon miroir de salle de bain et dans mon agenda.

Troisièmement, je change mes associations. Par exemple, si je veux devenir un non-fumeur, j'arrête de dire:

«*Aaaah! une bonne cigarette*»; on pense plutôt: «*Ouach… C'est vraiment dégoûtant!*» Bonne association, bonne motivation!

Quatrièmement, c'est important de se féliciter et de se récompenser à chaque bonne action ou étape franchie. C'est déjà assez difficile, alors il ne faut pas oublier de se dire «*Bravo!*».

Pour terminer… Ne jamais abandonner son engagement, surtout durant les quatre premières semaines, le temps scientifiquement établi étant nécessaire au développement ou au changement d'une habitude.

Nos habitudes de vie et
notre inconscient constituent les vrais
moteurs de notre pouvoir personnel.

17

UNE GRANDE LEÇON
DE PERSÉVÉRANCE

Dans les années 1930 et 1940, le Québec bougeait! Deux des plus importants employeurs de l'époque étaient Sorel Industries et Marine Industries, de Sorel bien entendu. La famille Simard en était propriétaire. Quatre frères vivaient cette grande aventure et ils avaient beaucoup de succès. C'était énorme! En plus de vaisseaux marins, ils ont fabriqué des canons d'artillerie utilisés par les forces alliées durant la Seconde Guerre mondiale. Ces canons étaient une telle réussite que même le premier ministre britannique de l'époque, l'inimitable sir Winston Churchill, avait ainsi salué la victoire des Alliés contre les forces nazies : « *We could not have won the war without the 25 pounder!* » [« Nous n'aurions pas pu gagner la guerre sans ce canon! »]

Un jour, en entrevue, un journaliste a demandé à Édouard Simard, le plus exubérant des quatre frères, ce qui pouvait bien expliquer tous les succès de leur famille. Avec son verbe coutumier et son franc-parler légendaire, Édouard Simard s'est empressé de dire : « Vous savez, monsieur, je ne suis pas comme le reste du monde. Moi, quand je vais à la pêche, je ne pêche pas tant qu'il y a du poisson. » Il précisa ensuite sa pensée : « Moi, monsieur, quand je vais à la pêche, je pêche tant qu'il y a de l'eau! »

Pêcher tant qu'il y a de l'eau! Quelle belle leçon de persévérance! À quand remonte la dernière fois que nous sommes restés accrochés à notre rêve, à notre projet tant et

aussi longtemps qu'il y restait des possibilités? Malheureusement, il est prouvé que l'on abandonne après trois ou
quatre tentatives quand il en faudrait de sept à neuf pour
toucher notre but. La persévérance est l'une des plus grandes
qualités des gens qui réussissent le mieux leur vie et dans
la vie.

Pêchez tant qu'il y a de l'eau!

18

« ÇA NE COÛTE PAS PLUS CHER »

Voici l'histoire d'un homme fascinant : mon grand-père, Paul Morel. Imaginez une gueule à la Clark Gable dans le film *Autant en emporte le vent*. Dans les années 1940, il a été finaliste au Gala du plus bel homme du Québec, et il a côtoyé Alys Robi en plus de jouer au golf avec Henri Richard et Jean Béliveau. Barbier de profession depuis l'âge de 13 ans, il a grandi en Estrie au Québec. Ce n'était ni son argent ni son éducation qui l'amenait à se frotter aux grands.

Plus tard, dans la soixantaine, il est venu vivre dans le sous-sol de notre modeste bungalow à Saint-Léonard, dans le nord-est de l'île de Montréal où j'ai passé une partie de mon adolescence. Mon grand-père était un grand sportif. C'est avec lui que j'ai appris à jouer au baseball et au tennis. Nous faisions parfois des randonnées à vélo de 20, 30 ou 50 km. Il avait 65 ans ! Il venait de divorcer et avait un nouvel amour dans sa vie. Madeleine était une belle grande femme, plus jeune que lui : ils avaient 21 ans de différence. Elle venait lui rendre visite parfois, surtout après avoir appris le diagnostic de son cancer du sein. Malheureusement, Madeleine n'a pas survécu trois ans à l'opération. Ce fut sans contredit un choc pour mon grand-père. Mais au lieu de se plaindre ou d'être irritable avec ma sœur, mon père ou moi, il choisissait d'enfourcher son vélo et de rouler pendant une, deux ou trois heures avec sa radio branchée sur le baseball des Expos pour « passer ses bleus », comme il disait, et soulager sa mélancolie.

Ce qui m'a marqué le plus, c'est lorsqu'on arrêtait dans un café ensemble. Avec la vie qu'il avait connue, il rencontrait toujours une connaissance. Chaque fois, le même scénario se répétait : « Bonjour, Paul, comment ça va ? » Il répondait à tout coup : « Ça va bien, ça va très bien. Ça ne coûte pas plus cher et on se sent tellement mieux. » Même pendant les moments les plus difficiles de sa vie. Il a vécu les affres d'un divorce (pour un homme de sa génération, surtout), a perdu sa jeune nouvelle conjointe, mais il ne s'est jamais plaint. Et n'a jamais été malade. Quand il a reçu sa carte de l'âge d'or, il l'a coupée en deux. Il fuyait les aînés qui se plaignaient de leurs bobos sans arrêt.

Sans le savoir, mon grand-père a non seulement réussi sa vie, mais il a su attirer autour de lui des gens tout aussi remarquables que l'attitude qu'il dégageait. Sans compter qu'il demeure aujourd'hui une belle source d'inspiration, pour plusieurs autres personnes, tout comme pour moi. Comme il disait : « Ça ne coûte pas plus cher, et on se sent tellement mieux. »

« Ça va bien, ça va très bien. Ça ne coûte pas plus cher et on se sent tellement mieux. »

Paul Morel

19

PARTOUT OÙ JE VAIS, J'Y SUIS

À plusieurs égards, il arrive plus ou moins les mêmes choses à chacun d'entre nous. On ne maîtrise pas toujours les événements qui surviennent dans notre vie, mais on a toujours le plein contrôle sur notre façon d'y répondre ou d'y réagir.

Qu'il fasse -30 ^{0}C, qu'il neige ou que notre entreprise subisse de gros changements, nous n'avons aucune maîtrise sur les conditions climatiques ou sur les décisions de notre employeur. Par contre, très souvent, plusieurs d'entre nous invoquent les circonstances pour excuser des résultats décevants, sur le plan personnel ou au travail. J'entends souvent des vendeurs et des entrepreneurs me dire qu'ils ne vendent pas en juillet parce qu'il fait trop chaud. Et ils ont la même excuse en janvier avec le froid. Pourquoi leurs concurrents, eux, vendent-ils normalement pendant ces mêmes périodes ? La différence entre ceux qui réussissent davantage et les autres, c'est l'attitude qu'ils adoptent par rapport à ce qui leur arrive.

Visualisons la formule suivante : E + A = R, « E » étant les événements, « A » notre attitude par rapport à ceux-ci et « R », les résultats. Sachant que nous n'avons aucun contrôle sur les événements (0 %), mais plein contrôle (100 %) quant à notre attitude, si l'on fait un petit calcul : 0 % + 100 % divisé par deux, c'est donc 50 % de contrôle que nous exerçons sur chacun de ses résultats. Si cela va bien, c'est grâce à moi. Si cela ne va pas, c'est aussi à cause de moi.

Le dénominateur commun, c'est moi ! Je suis là chaque fois. Ce n'est pas par hasard que nous attirons le même genre de conjoint ou conjointe dans nos vies, le même type de patron (qui souvent nous rappelle la figure d'autorité de notre enfance) ou d'emploi, les difficultés financières de même nature – même si nos revenus augmentent. Dans chacune de ces situations, le dénominateur commun est toujours moi. Ce n'est pas le conflit interpersonnel, l'autre ou le salaire que je gagne, c'est moi.

Une chose est sûre : partout où je vais, je suis là !

Le dénominateur commun
de tous mes résultats, c'est moi!

20

PENSEZ COMME UNE RELIGIEUSE

Au début des années 1930, une mère supérieure d'un couvent aux États-Unis demandait à ses religieuses novices de composer un texte d'une page sur leur vie. Certaines d'entre elles notaient simplement des faits, mais plusieurs réussissaient à exprimer des sentiments tout au long de leur texte. De celles qui avaient exprimé des sentiments – pas seulement des faits – environ 25 % avaient utilisé plus d'expressions positives comme le bonheur et l'espoir. Étonnamment, ce sont ces dernières qui ont vécu près de 10 ans de plus que leurs consœurs. C'est une différence énorme ! À l'égal de l'écart entre les fumeurs de 20 cigarettes par jour et les non-fumeurs.

Pourquoi ces quelques lignes écrites 60 ans plus tôt auraient-elles de telles répercussions sur la durée de vie d'une personne ? Tout d'abord parce que ces religieuses s'avèrent l'échantillon idéal de personnes pour un sondage de ce genre : pendant toute leur vie adulte, les religieuses vivent sous le même toit, mangent la même nourriture, dorment sensiblement le même nombre d'heures dans des chambres identiques, font essentiellement le même travail et partagent aussi le même style de vie et de routines.

On a donc pu présumer que la différence résidait dans leur façon positive et optimiste de voir la vie. Le questionnaire en soi n'a rien changé au fait qu'elles aient vieilli ou non. Toutefois, leur optimisme a influencé leur attitude générale et, en retour, cette attitude a eu un effet positif sur leur système immunitaire.

Bref, ayons un regard optimiste sur la vie et nous vivrons mieux et plus longtemps!

Ce qui fait la différence, c'est notre façon de voir la vie. Entretenez-vous un regard positif et optimiste envers l'avenir? Si oui, votre attitude générale en sera influencée et aura un effet positif sur votre système immunitaire.

21

AUGMENTER SA CONFIANCE EN SOI

On me demande souvent quoi faire pour augmenter la confiance en soi. C'est difficile d'avoir une réponse exacte, car cela varie d'une personne à l'autre. Soulignons d'abord que la confiance en soi est un facteur très important de réussite dans notre société. Réussir, c'est 10 % de talent et 90 % de courage. Et le courage, ça vient avec la confiance. De plus, l'image que l'on a de soi-même détermine la valeur que l'on se donne, ce qui influe directement sur la confiance en soi. On dit que deux personnes sur trois souffrent d'un manque d'estime personnelle. De toute façon, qui peut affirmer se sentir en pleine forme et en totale confiance de soi à tout coup ?

Voici ce que je suggère pour augmenter la confiance en soi :

- Pratiquez des activités qui vous font vraiment plaisir. Si vous aimiez nager pendant l'enfance, trouvez une piscine et allez faire des longueurs.

- Choisissez un travail que vous aimez. Sinon, apprenez à aimer le plus possible votre travail.

- Entretenez des relations avec les personnes qui vous font sentir bien. Les autres, évitez-les et évitez de réagir avec émotion.

- Lancez-vous un défi personnel pour vaincre une de vos peurs. Qu'il s'agisse de parler en public, de faire de la plongée sous-marine ou de danser un « flamenco », passez à l'action sans crainte !

- Terminez ce que vous avez commencé.

- Écrivez un journal personnel chaque jour en notant tout ce que vous avez fait de bien dans la journée et ce dont vous êtes fier.

- Surtout, cessez de vous taper sur la tête lorsque vous faites une erreur. Votre entourage le fera pour vous, gratuitement en plus !

L'image que l'on a de soi-même
détermine la valeur que l'on se donne,
ce qui influe directement
sur la confiance en soi.

22

LE TRIANGLE D'ABONDANCE

N'importe quel imbécile heureux peut passer sa vie à demander de façon tout aussi gratuite que démesurée. On demande, on reçoit, et puis on s'en va… Un peu trop beau pour être vrai, vous allez me dire ? Mais cela fonctionne ! Par contre, cela exige de votre part un effort soutenu. En plus de passer à l'action de façon franche et déterminée sur le plan de nos buts et désirs, voici ce qui manque et que je suggère de rajouter. Au total, trois étapes… comme les trois côtés d'un triangle. On demande, on reçoit, mais on boucle la boucle en remerciant la vie.

En fait, la façon la plus simple et la plus souple de créer une vie d'abondance sur n'importe quel plan (bonnes relations, meilleur emploi pour soi, revenus intéressants, moments heureux, bonne santé) – sans égard à ce que l'on souhaite – et la meilleure manière d'attirer les bonnes choses de la vie, c'est de reconnaître et d'apprécier de façon consciente et constante tous ces bienfaits.

Ce rituel permet de manifester abondamment sa reconnaissance et son appréciation de toutes les dimensions des divers faits et bienfaits reçus dans la journée, soit au moment où ils surviennent, soit en fin de journée. On dresse une liste mentalement, ou par écrit de préférence. L'idée consiste à développer une mentalité, voire une culture personnelle de gratitude ! En fait, plus nous sommes reconnaissants pour ce que nous vivons et retirons de la vie, plus nous vivrons et attirerons les objets de notre reconnaissance.

Écoutez les gens qui subissent de multiples manques et carences. Ils pensent sans cesse et ne parlent que de choses et d'actes, d'événements qu'ils n'obtiennent pas. Qu'il s'agisse de santé, d'emploi, de relations interpersonnelles, de revenus ou de «chance», ils sont privés de tout. Leur esprit est centré sur ce qui ne va pas, ce qui n'existe pas (encore) dans leur vie. Et devinez ce qu'ils attirent!

Un ami et moi parlions récemment des difficultés des gens à dénicher un endroit pour garer leur voiture en ville. Est-ce pure coïncidence? Lui et moi n'éprouvons presque jamais ce problème. Non seulement je trouve presque toujours une place, mais en plus elle se trouve à deux pas de l'endroit où j'ai besoin d'aller!

Concentrez votre esprit sur ce que vous souhaitez voir se manifester dans votre vie ou ce qui est présent et dont vous êtes reconnaissant. Dites merci et la vie saura répéter sans effort ce pourquoi vous lui dites merci.

Merci d'être là!

Plus nous sommes reconnaissants
pour ce que nous vivons et avons,
plus nous vivrons et attirerons les
objets de notre reconnaissance.

23

SAVOIR PRESSER SON ORANGE

Nous avons tous un jour dit à quelqu'un : « Aaah ! tu me mets en colère ! » La plupart d'entre nous ont, au moins une fois dans la vie, pété les plombs, monté sur leurs grands chevaux, ou sont sortis de leurs gonds ! Parfois, certaines personnes ou certains événements provoquent chez nous de la colère. Jusque-là, c'est tout à fait normal. Là où l'on peut perdre beaucoup, sur le plan de nos relations professionnelles ou interpersonnelles, c'est au moment d'exprimer cette saute d'humeur.

Laissez-moi créer pour vous une image simple afin d'illustrer mon propos. Si je tiens une orange entre mes deux mains et que je la presse, qu'est-ce qui en jaillit ? Du jus ? Du jus d'orange, bien sûr ! Mais pourquoi du jus d'orange ? Simplement parce que c'est ce qu'il y a à l'intérieur. Donc, si je te dis ou je te fais quelque chose, que cela te « serre » un petit peu, ou « te presse »… et que ta colère éclate, dis-toi que c'est parce que c'est ce qu'il y avait à l'intérieur. Aujourd'hui ou demain, ici ou dans une autre ville, que ce soit moi ou quelqu'un d'autre qui presse l'orange, on en extraira toujours du jus d'orange. Pour toi aussi, ce qui sort, c'est ce qu'il y a à l'intérieur.

Est-ce possible que je dise la même chose à deux personnes différentes et que j'aie deux réactions différentes ? Oui ! Et que la même personne ait aussi deux réactions totalement différentes à deux temps donnés ? Oui ! Donc, cela n'a rien à voir avec qui le dit ou le fait.

Se sentir blessé, c'est normal. Piquer une crise de nerfs ou faire une moue, ça compromet ta réputation et cela nuit considérablement à ta santé. En fait, la colère tue : on s'expose à quatre fois plus de risques de faire une crise cardiaque et nous avons deux fois moins de chances de revenir d'une crise cardiaque fatale. La colère donne des ulcères, entraîne de l'insomnie, fait augmenter la pression et j'en passe.

Donc, on respire, on s'éloigne, on l'écrit, on la marche ou on la court, puis on garde notre job et nos amis !

Rien ni personne n'est responsable
de ma colère soutenue. Ce qui sort,
c'est ce qu'il y avait à l'intérieur. Le fruit
ne tombe jamais trop loin de l'arbre.

24

S'ATTENDRE À LA DÉSAPPROBATION

Il est tout à fait humain de vouloir que les gens nous aiment, nous apprécient. Par contre, s'attendre à ce que tout le monde autour de nous (amis, famille et employés) approuve toutes nos décisions, nos paroles et nos actions relève de la pure utopie.

En fait, durant une élection, on parle d'une victoire éclatante lorsqu'un parti l'emporte avec un peu plus de 50 % des votes. J'ai même entendu l'expression « c'est un vrai raz-de-marée » en 1984 pour une élection fédérale au Canada donnant 54 % des voix au nouveau gouvernement conservateur de M. Mulroney. C'est quand même 46 % de la population qui ne voulait pas te voir là, Brian! Alors, la prochaine fois qu'on aura au moins 50 % d'approbation, on devrait jubiler!

J'ai d'ailleurs lu dans un sondage du *Wall Street Journal*, il y a quelques années, que la raison première pouvant pousser un employé à détester son patron était l'ambition ou la tentative de ce dernier de plaire à tout son groupe. C'est impossible. Pire encore: à vouloir plaire à tous, on finit par semer le mécontentement général.

Il est beaucoup plus profitable d'être authentique, respectueux et présent vis-à-vis des autres. Dans son chef-d'œuvre sur les relations humaines, *Comment se faire des amis et influencer les autres*, publié pour la première fois en 1936, Dale Carnegie écrivait: «Vous vous ferez plus d'amis en deux mois, en vous intéressant sincèrement aux autres, qu'en deux ans, en tentant de vous rendre intéressant. »

Après avoir étudié le cheminement des plus grands de ce monde, je peux vous affirmer qu'ils ont tous entendu ceci : « Non » ; « Tu es fou » ; « Cela ne marchera jamais » ; « Ce n'est pas une bonne idée ». Alors, dès que vous entendez de tels propos, dites-vous que vous êtes sur la bonne voie, que vous travaillez sur quelque chose de grand ! Attendez-vous à la désapprobation.

À vouloir plaire à tous,
on finit par ne plaire à personne.

25

CE QUI TRAÎNE SE SALIT

Qui n'a pas reporté à plus tard un geste à faire qui traînait peut-être déjà en longueur depuis un bon bout de temps? On appelle cela de la procrastination. Plus facile à faire qu'à dire, en tout cas!

«Plus ça traîne, plus ça se salit», me répétait mon premier patron quand il me voyait tourner autour du pot pour des tâches importantes. Et il avait bien raison. Autant pour faire le suivi du dossier d'un client, remplir sa propre déclaration de revenus, ouvrir son courrier, payer ses comptes ou nettoyer ses tiroirs que pour classer des photos – peu importe –, dressez la liste de ce qui traîne dans vos affaires à régler, réservez du temps dans votre agenda et commencez! Pourquoi? Parce que, de toute façon, nous savons tous qu'il faudra le faire à un moment ou un autre. Aussi bien s'en acquitter tout de suite! Et il s'agit simplement de s'y mettre. Se botter les fesses, comme on dit familièrement, est le geste le plus exigeant. Après, on prend son «erre d'aller», son élan, et il devient même difficile de s'arrêter.

Les plus grands experts en procrastination se trouvent des excuses et ont parfois même de vraies raisons. Ils rationalisent chacun des motifs de ne pas faire ce qu'il y a à faire tout de suite. Par exemple: «Ce n'est pas le bon moment», «mes priorités ont changé», «les astres ne sont pas alignés», «j'ai besoin de repos», enfin toutes sortes de raisons! On veut à tout prix exécuter d'abord les petites tâches sous prétexte de se donner tout l'espace pour s'attaquer aux vraies choses, aux plus importantes plus tard.

Tout cela, c'est de la foutaise ! On fuit, on évite et puis on rumine et ça mine notre esprit. Le morceau devient trop gros et on étouffe. On reste en plan, on s'immobilise. Une lettre commence par une première phrase... « Un voyage de mille kilomètres débute par un premier pas », dit le proverbe chinois. Mais oui ! Cesse de lire des proverbes, *pis « diguédine »* ! Grouille !

Dans son combat contre
la procrastination, lever la première
fesse est le geste le plus exigeant.
Après, on prend son erre.

26

NOTRE EMPLOI EST
LE CHANGEMENT

À titre d'employé, de cadre ou d'entrepreneur, nous sommes voués à vivre le changement tout au long de notre vie et de notre carrière. Changement dans le marché boursier et l'économie, habitudes de consommation modifiées, nouvelles technologies, nouveau système informatique ou nouveau gadget électronique -- l'être humain est appelé à rompre avec ses anciennes habitudes afin d'en développer de nouvelles.

Créature d'habitudes

Or, l'être humain est une créature d'habitudes. D'année en année, nous nous enlisons dans nos zones de confort, qu'elles soient liées à nos habitudes de travail ou de loisirs ou à nos habitudes alimentaires, sportives et de tout ordre. Nous avons tous appris – et adopté à force de répétition – une manière de faire les choses.

Il est prouvé scientifiquement que la répétition d'une nouvelle façon de faire prend de 21 à 28 jours consécutifs avant de devenir une habitude qui brise ou détrône l'ancienne. Or, sachez que même si vous réussissez à convaincre la partie logique de vos employés (ou de vos clients), n'oubliez pas qu'il existe une partie invisible quatre à neuf fois plus puissante qui travaille contre cette partie rationnelle et qu'il faudra au moins un mois avant de voir des résultats. Patience ! Allez-y de façon progressive. Secouer un pommier ne fait pas pousser les pommes plus vite. Cela en fait simplement tomber plus.

Le problème n'est pas le changement

Très souvent, les employés se plaignent du changement. Pourquoi? Ils répètent qu'ils n'aiment pas cela. Sauf qu'ils changent de voiture, de télé et de destination vacances aussitôt qu'ils le peuvent. Le changement n'est pas vraiment le problème. Par exemple, si je gagne à la loterie ou j'hérite de plusieurs millions de dollars, c'est nouveau pour moi, et tout un changement.

Alors, pourquoi personne ne refuse-t-il cette situation? Tout simplement parce que cette nouvelle situation financière ne changera rien à mes bases, à ce que je sais déjà. Je pourrai seulement faire mieux que ce que j'accomplissais déjà. Donc, je ne perds pas mon savoir. Inconsciemment, je ferai toujours référence à mon ancien système informatique lorsque j'en apprendrai un nouveau. Même chose pour de nouveaux modèles de produits à vendre.

La prochaine fois que vous aurez à gérer une nouvelle façon de faire dans votre entreprise, établissez le plus de liens possible avec la façon de faire actuelle, afin de vous sentir plus à l'aise grâce aux bases connues.

L'ego, toujours l'ego

On peut définir l'ego comme la façon dont l'être humain se définit: «Je suis ce que je fais», «je suis ce que je possède» et «je suis ma réputation». Un employé ou dirigeant qui s'identifie à la profession qu'il exerce aura plus de misère à abattre certaines résistances au changement. Ce sera pire encore si sa réputation est en jeu. En fait, personne n'aime perdre la face. Au contraire, les gens sont prêts à mentir et humilier d'autres individus avant de «mal paraître».

En tant que leader, mentor ou collègue mature et visionnaire, je vous encourage à être conscient de la blessure (justifiée ou non) faite à l'ego de votre voisin lorsque du nouveau survient. Assurez-vous de créer un environnement détendu où l'erreur est accueillie avec souplesse, voire sous forme de jeu. Et sachez pratiquer le renforcement positif chaque fois que vous voyez un bon coup : ce qui est récompensé est répété.

Il n'y a pas à chercher à l'éviter, notre emploi est le changement. Notre vie l'est aussi !

Très souvent, les employés se plaignent
du changement. Sauf qu'ils changent
de voiture, de télé et de destination
vacances aussitôt qu'ils le peuvent.

27

ATTENTION À QUI TU FRÉQUENTES

Lors de notre enfance, nos parents se souciaient de nos fréquentations. Ils voulaient voir nos amis afin d'approuver ou non cette relation. En effet, ces derniers auraient pu exercer de mauvaises influences sur nous. En tant qu'adulte, disposons-nous des conseils de quelqu'un qui surveille et juge nos fréquentations, notre cercle d'influence ? Et si notre cercle d'amis n'était en fait qu'un autre panier de crabes ? Oui, oui, j'ai bien dit un « panier de crabes », un milieu dont les membres cherchent à se nuire, à se déchirer. Saviez-vous que les crabes vivent en groupe, massés au fond de l'océan ? Si l'un d'eux décide d'aller plus loin, d'explorer de plus grands horizons, aussitôt les autres crabes étirent leurs pinces et l'agrippent pour le ramener au sein du groupe.

Impossible de s'épanouir, de s'affranchir, de se démarquer un tant soit peu lorsqu'on est un crabe. Il arrive que notre entourage, par insécurité, réagisse de la même façon et nous empêche de réaliser nos rêves et nos ambitions, ou pire : nous empêche d'être ce que nous devons être.

L'être humain est ainsi fait qu'il cherchera malgré lui à donner raison à son état, même s'il en est peu fier. Par exemple, même si la majorité a le réflexe de soutenir sa progéniture quant à l'obtention de meilleures conditions que les siennes de jadis, c'est bien connu qu'un parent qui n'a pas terminé ses études secondaires et qui a vécu dans un milieu défavorisé toute sa vie ne sera pas nécessairement la meilleure influence pour encourager ses propres enfants à poursuivre leurs études. Malheureusement, cette personne pourrait se sentir « menacée » devant le potentiel et les réalisations de son enfant. Et afin de ne pas trop mettre en lumière ses propres insuffisances, elle cherchera (inconsciemment très souvent) à éteindre les élans de son entourage, y compris ceux de ses enfants, afin de se sécuriser dans sa propre médiocrité.

C'est bien difficile de quitter sa mère ou son père quand on a 13 ans, mais quelles sont nos excuses, une fois devenu adulte? Quel est le dénominateur commun de mon entourage? S'agit-il de gens qui me stimulent, qui me donnent de l'énergie, qui m'inspirent à me réaliser et avoir le courage de mes ambitions? Si c'est le contraire, soyez certain de ceci: vous ne volerez jamais plus haut que l'altitude atteinte en ce moment. Nous sommes le produit de notre environnement. Et notre entourage influe directement sur notre comportement et nos attitudes, de façon positive ou négative.

Alors, un peu de ménage en vue?

Nous sommes le produit
de notre environnement.

28

IL N'EST JAMAIS TROP TARD

Si vous croyez qu'il est trop tard pour vous lancer en affaires, changer d'emploi ou faire du sport, cette chronique s'adresse assurément à vous.

« Flying Phil », comme on l'appelle communément, a remporté à 100 ans la course de 100 m – tenez-vous bien – pour les athlètes centenaires ! Cela veut donc dire qu'il n'est pas tout seul à courir, en compétition, une fois la centaine sonnée ! Incroyable !

En fait, l'homme originaire de Cape Town, en Afrique du Sud, s'appelle Phil Rabinovitch et il est décédé des suites d'un accident cardiovasculaire le 29 février 2008, à l'âge de 104 ans. Non seulement a-t-il remporté la course de 100 m dans la catégorie des 100 ans et plus, mais il a aussi amélioré son chrono au cours des trois dernières années ! Après la compétition en 2004 (100 m en 30,86 secondes !), il s'est exclamé devant toutes les caméras qui le suivaient : « Wow ! Je viens encore d'améliorer mon temps de course, qu'est-ce que ça va être l'an prochain ? » Quelle attitude merveilleuse ! Et s'il avait été convaincu qu'il était trop tard ? Il n'aurait jamais pu savoir que c'était possible. Il n'est guère étonnant qu'on l'ait aussi surnommé « Rabinoblitz ».

Le fameux colonel Sanders, qui a fondé l'empire « Poulet Frit Kentucky[MC] », ou PFK pour les plus jeunes, avait 65 ans lorsqu'il a commencé à le commercialiser et à franchiser d'autres restaurateurs. Mon ami Jean-Marc Chaput avait 40 ans lorsqu'il a amorcé sa carrière de conférencier. Et à 78 ans, en 2008, il ne semble toujours pas croire qu'il est trop tard! Et que dire de cette ancienne religieuse qui a obtenu aux États-Unis son diplôme de médecine chiropratique à l'âge de 73 ans. Elle s'était inscrite au programme à l'âge de 65 ans. Au moment d'écrire ces lignes, elle voit presque une centaine de patients par jour, gratuitement en plus, depuis l'obtention de son diplôme.

Il n'est jamais trop tard! Vivez vos passions et réalisez vos rêves.

La tragédie dans la vie n'est pas
de savoir que nous allons mourir,
mais de reconnaître que nous n'avons
jamais vécu.

29

ASSIS SUR UN TAPIS DE CLOUS

Imaginons-nous que l'un de mes amis a un superbe golden retriever. Je suis invité chez lui et son chien est là, paisiblement assis au fond du salon, comme il le fait suivant son habitude. Le hic, c'est qu'il est assis sur un tapis de clous. Vous savez, comme ceux que l'on voyait dans les dessins animés de notre enfance, avec le vieux fakir tout maigre qui y méditait! Alors, je demande donc à mon ami: «Robert... ton chien... mais il est assis sur un tapis de clous! Ça ne lui fait pas mal?» Et lui de me répondre: «Oui, ça lui fait mal!» Et je le relance: «Mais pourquoi ne se relève-t-il pas?» Il me rétorque aussitôt: «Eh bien, c'est tout simplement que ça ne lui fait pas assez mal!»

Souvent dans la vie, cela se passe ainsi. Nous vivons une situation désagréable, qui nous fait mal, qui nous fait souffrir, mais à laquelle nous nous sommes malheureusement un peu trop habitués. J'appelle cela *être assis sur un tapis de clous*. Ce pourrait être le boulot que l'on n'aime pas vraiment, mais vraiment pas. Ou l'abus que l'on peut vivre au travail ou dans notre relation amoureuse. Ou bien nous sommes toujours fauchés et en avons assez. Nous fumons, cela nous dégoûte et nous voudrions bien arrêter. Cela fait mal, mais on endure et rien ne change.

Pourquoi faut-il toujours être à bout, ne plus pouvoir supporter une condition, se retrouver acculé au pied du mur avant de se dire: «*ASSEZ! C'EST FINI*»? C'est pourtant à ce stade qu'on se lève et qu'on n'y retourne JAMAIS… sur le tapis de clous.

Une douleur forte de ce type a tout de même du bon. En fait, c'est un signal que quelque chose DOIT changer. Que tu dois changer de voie, de direction. Mais est-ce nécessaire d'attendre que cela fasse aussi mal?

Alors, quel est votre tapis de clous à l'heure actuelle? Qu'est-ce que vous endurez depuis trop longtemps? Cessez de souffrir! Levez-vous et empruntez un autre chemin. C'est cela que la vie vous dit. Et cette douleur ne s'en ira pas d'elle-même. Parce que plus tu résistes, plus ça persiste!

Plus on résiste, plus ça persiste.

ATTENTION À CE QUE TU PENSES

On dit que 77 % de nos pensées, dans une journée, sont négatives. C'est énorme et cela influe sur nos émotions, notre santé, nos finances et nos relations.

De fait, nos pensées sont liées directement aux émotions, et vice versa. Lorsqu'on se dit que la vie est belle, cette déclaration ne vient pas de la logique, de notre côté rationnel, mais plutôt d'une sensation : on se sent bien. Et c'est à ces moments-là que l'on accomplit les meilleures choses de sa vie.

Ceux qui ont assisté à mes conférences savent que je soumets parfois un volontaire à une expérience. Nous testons l'effet de nos pensées négatives et positives sur notre force physique et, par conséquent, sur notre système immunitaire. Je demande à un participant de se concentrer sur un événement positif de sa vie, en tenant un bras tendu vers l'avant, et je suis incapable de lui faire baisser le bras à l'aide de deux doigts.

Mais lorsque cette même personne, quelques secondes plus tard, répète l'expérience tout en se concentrant sur un événement négatif de sa vie, c'est pour moi un jeu d'enfant que de lui faire abaisser le bras. Une pensée négative nous affaiblit littéralement et l'inverse est aussi vrai. Tout le monde sait que « monsieur Baboune » a toujours un rhume ou un bobo !

Alors, comment se débarrasser de ces réflexes négatifs ? Premièrement, en *décidant* de ne plus se laisser contrôler par ses pensées. Si tout à coup on pense à quelqu'un ou quelque chose qui nous dérange, on cesse d'y penser et on pense à autre chose.

Un enfant de 14 ans a vu 12 000 meurtres simulés dans sa vie. Donc, attention à la télé et aux jeux vidéo. Pour les adultes, attention aux chaînes de nouvelles continues; on peut se limiter à quelques minutes par jour. On peut aussi changer de cercle d'amis ou de collègues, lire ou écouter des livres inspirants. Méditer est aussi une bonne idée. L'écrivain James Allen disait que la plus grande découverte de l'être humain, c'est qu'il peut littéralement changer sa vie en changeant d'attitude, donc de manière de penser.

Pour enrichir cette réflexion, voici des pensées aussi inspirantes que célèbres:

« *Nous devenons ce à quoi nous pensons.* »
EARL NIGHTINGALE

« *Tel l'homme pense en son cœur, tel il est.* »
JÉSUS DE NAZARETH

« *Notre destin est l'expression de notre inconscient.* »
SIGMUND FREUD

« *Tout ce que ton esprit peut concevoir et croire,*
tu peux l'atteindre. »
NAPOLEON HILL

« *La vie d'un homme est ce que ses pensées en font.* »
MARC-AURÈLE

« *Toutes vos expériences, toutes vos actions et tous les*
événements et circonstances de votre vie ne sont que les
réflexions et les réactions de votre propre pensée. »
JOSEPH MURPHY

« L'homme est le résultat
de ce qu'il a pensé. »
Bouddha

31

ON EST PLUS QU'UN

Trouver sa voie n'est pas toujours facile. Surtout quand on nourrit plusieurs champs d'intérêt. Comment choisir entre un métier ou un autre si le désir est là et le talent par surcroît?

Au Québec, au cours des dernières années, les couteaux volaient bas entre comédiens, acteurs et humoristes à propos de leurs rôles respectifs. J'avoue avoir trouvé ce débat absolument ridicule et dépassé. Pourquoi devrions-nous nous limiter à un seul rôle quand la vie nous a donné plus d'un talent et de la passion à revendre? Le but de la vie est de se réaliser en y trouvant son plaisir tout en rendant service à sa collectivité.

Patrick Huard a commencé sa carrière comme humoriste, mais il peut faire plus, parce que, comme vous et moi, il possède plus d'une corde à son arc : il peut jouer un rôle, il peut écrire, produire et réaliser, pour notre plus grand bonheur. Il en est ainsi pour tant de gens comme Laurent Ruquier, Stéphane Rousseau, Jean-Jacques Goldman, Guy A. Lepage, François Morency, et tant d'autres!

C'est ce que j'entends par mon titre énigmatique : « On est plus qu'un ». On est plus qu'un seul rôle. Trop souvent, on se « bloque », on reste cantonné dans la perception que les autres ont de nous, à cause de croyances limitatives. Mais aussi parce qu'on ne veut pas créer de vagues dans notre entourage. Posez-vous les questions : « *Est-ce que j'aimerais pratiquer un autre métier? Qu'est-ce qui me revient dans l'esprit tout le temps et que j'ai envie de faire?»* Notre espérance de vie est de 90 ans. On devra se renouveler, et plus d'une fois au cours de notre vie. Cela commence aujourd'hui en disant oui à tous les rôles de vie que nous sommes appelés à occuper et que nous pouvons très bien jouer!

Pourquoi devrions-nous nous limiter
à un seul rôle quand la vie nous a donné
plus d'un talent?

PARLER À SON RHUME

C'est l'hiver et, comme moi, vous entendez beaucoup de gens se plaindre de leur rhume. Le simple fait d'en parler le nourrit, lui donne de l'importance ! De toute façon, se plaindre, c'est une perte de temps : 80 % des gens à qui on le fait se fichent carrément de ce qui nous arrive et les autres 20 % sont pour ainsi dire contents de nous savoir malades, car de toute façon, ils ne nous aiment pas vraiment.

Sérieusement, pour éviter qu'on dédaigne vos lamentations, il faut éviter d'en parler ! Et puis il faudrait avant tout encore savoir reconnaître un rhume ! Très souvent, les gens disent qu'ils ont une grippe alors que c'est tout simplement un rhume qui les afflige. « Aaah ! Qu'elle est mauvaise, cette année ! » Cela fait 20 ans que j'entends dire que la grippe est bien mauvaise « c't'année » !

De toute façon, avec une grippe, tu ne parles pas ; tu ne bouges même pas. Tu es couché et tu fais de la fièvre. C'est du sérieux, une grippe. Et 80 % des fois qu'on se dit victime d'un rhume, il n'en est rien. C'est le corps qui est acidifié et qui se nettoie. La preuve : la fameuse « saison » des rhumes arrive quand ? Pendant le temps des fêtes ! Et c'est justement la période où l'on mange plus, l'on boit plus d'alcool et de café, et où l'on fait moins d'exercices. Ce sont tous des facteurs qui contribuent à augmenter notre taux d'acidité.

Et si un bon matin, c'est un vrai rhume qui s'annonce avec son mal de gorge, eh bien n'hésitez pas à lui parler à votre rhume : «Ah! monsieur s'essaye... hein!»; «Tu vas voir qui de nous deux décide!»; «Tu t'es trompé d'adresse, mon *chum*!»

Tu n'en parles pas, tu n'y penses même pas. Tu dors, tu bois, tu prends ton jus et tes vitamines en te disant que tu es en pleine forme et que demain... il ne restera plus rien. Tu ris et tu t'amuses. Rien que du positif. La maladie n'aime pas les gens heureux. Parle à ton rhume!

La maladie n'aime pas
les gens heureux.

33

LE BILAN DES RÉALISATIONS

Un des moments les plus savoureux de l'année est certes cette période où l'on fait l'inventaire de ses victoires personnelles et professionnelles. Afin de ne rien oublier, je suggère de déterminer cinq pages ou sections distinctes. Le bilan de nos réalisations pourrait porter sur :

1) la carrière ;

2) notre dimension physique ;

3) les finances ;

4) le côté spirituel ; et

5) l'aspect émotif, social.

Il s'agit de la même structure que le plan de début d'année.

Si vous avez couché sur papier vos objectifs et projets en janvier dernier, voici donc le moment choisi pour ressortir ce plan et l'utiliser comme outil de validation. Vous remarquerez que l'exercice permet de relâcher une quantité de sérotonine dans votre organisme. Il s'agit en effet d'une raison de plus de se sentir bien et de redonner à notre esprit et à notre organisme l'énergie positive nécessaire afin de tracer son plan et d'entreprendre avec aisance et enthousiasme ses projets de l'année qui vient.

1. Célébrer ses victoires

Souvent négligée à cause de nos multiples obligations familiales et professionnelles, l'étape de la fête afin de se donner une tape dans le dos pour avoir remboursé une dette, perdu quelques kilos, développé une bonne habitude nouvelle ou pris un certain risque, est aussi importante que n'importe quelle étape du processus. Allez-y, félicitez-vous, fêtez, récompensez-vous pour cette mission accomplie! Votre esprit enregistrera que le travail et la discipline en valent la peine, puisqu'il existe une euphorie et un bien-être en bout de piste.

2. Savoir être reconnaissant

Il y a de ces cadeaux de la vie sur lesquels nous n'avons pas toujours eu le contrôle. Tous les vainqueurs savent être reconnaissants pour ce que la vie leur apporte: santé, amis extraordinaires, aide inespérée de dernière minute pendant un moment difficile de l'année, etc.

3. Savoir redonner et contribuer

Partager ses richesses, son savoir, son temps, son amour pour la vie est l'un des gestes les plus bénéfiques pour soi-même comme pour autrui. Davantage qu'un devoir, il s'agit d'une valeur à prioriser en raison de tous les bienfaits person-nels qui s'y rattachent. Il est de mise de le faire simplement, mais surtout sincèrement. Un leader est un donneur.

Cette période de rédaction du bilan de nos réalisations devrait à mon avis se présenter chaque fin d'année, au minimum, et de façon formelle. Une révision trimestrielle pourrait contribuer davantage à garder le cap. Et pourquoi ne pas développer le réflexe d'y procéder au fur et à mesure (chaque jour) dans votre journal de réussite? C'est stimulant de boucler notre journée avec le sentiment d'avoir bien fait. Et personne ne le fera pour nous.

Célébrez quotidiennement vos victoires
personnelles afin de stimuler
vos prochaines réalisations
et de susciter une dose de sérotonine
et de courage.

34

LE PARADOXE DE NOS VIES

Je vous propose un texte intitulé «Le paradoxe de nos vies», qui décrit un peu le genre de monde dans lequel on vit. Celui qu'on a créé. Je vous le laisse en guise de réflexion afin de provoquer quelques changements importants.

> Le paradoxe d'aujourd'hui est à volets multiples. On a la patience de construire de grands édifices, sans en avoir assez pour contrôler sa colère; on a des routes larges, mais des points de vue étroits.

> On dépense plus, mais on possède moins; on achète plus de produits, mais on les apprécie moins. On habite des maisons plus grandes, tandis que nos familles sont plus petites; on jouit de plus de commodités, mais on a moins de temps disponible.

> On accumule plus de diplômes, mais on fait preuve de moins de logique, moins de discernement. On a multiplié son avoir, mais diminué ses valeurs. La science permet de vivre plus longtemps, mais on a priorisé la quantité sur la qualité.

> On a fait le voyage aller-retour jusqu'à la lune, mais on éprouve de la difficulté à traverser la rue pour se présenter à son voisin. Nous nettoyons l'environnement, mais nous polluons nos esprits; nous avons des revenus supérieurs, mais en revanche des morales bien inférieures et élastiques.

Voici l'époque des grands hommes, mais de petites personnalités; des gros profits, mais de petits esprits. Voici l'époque où on aspire à la paix mondiale, mais on soulève sans cesse des guerres intérieures; nous jouissons de plus de divertissements, mais moins de plaisir; nous avons accès à plus d'aliments, mais avons une moins bonne nutrition.

Voici l'époque des deux salaires, mais plus de divorces; des plus belles maisons, mais de foyers brisés.

Un nœud de contradictions nous assaille dans le monde d'aujourd'hui.

35

ÊTRE OPTIMISTE PEUT VOUS SAUVER LA VIE

Une étude rapporte que les gens qui encourent le blâme pour des événements négatifs et qui croient que les choses ne changeront pas risquent davantage de développer des maladies cardiaques que leurs pairs dont le point de vue est plus optimiste. On démontre même que les individus qui ont une manière pessimiste de comprendre les causes des événements de la vie sont plus enclins à contracter des maladies du cœur et à succomber à une crise cardiaque que ceux qui envisageront les conséquences de leurs malheurs en adoptant une attitude indiquant que les choses iront en s'améliorant.

On a également associé le pessimisme à des taux plus élevés de colère, d'anxiété et de dépression – ces émotions qui peuvent être des facteurs de risque de maladies cardiaques. Les optimistes ont tendance à mettre de l'avant un comportement social plus valorisant, une qualité qui, on s'en doutera, est liée à une meilleure santé. Les individus plus optimistes sont par ailleurs plus enclins à préférer des habitudes de vie plus saines, comme la pratique d'activités physiques. Plusieurs renoncent aux mauvais plis, buvant avec modération et ne fumant pas. Les pessimistes, de leur côté, semblent s'exposer à un risque accru de consommer plus de deux verres d'alcool par jour, un autre facteur nuisible à la santé.

Ces découvertes sont basées sur des informations recueillies auprès de 1 300 hommes de race blanche et en bonne santé, âgés de 21 à 80 ans, qui ont été suivis sur une période moyenne de 10 ans. Les résultats suggèrent qu'une attitude plus optimiste nous protège des risques de maladies coronariennes et, ultimement, nous sauvera la vie !

Pensez positivement, vous courez
la chance de vivre mieux et vieux.

36

DONNEZ ET VOUS RECEVREZ

En affaires ou dans nos vies personnelles, nous avons tous été témoins du pouvoir et de l'impact de donner. La sensation sur notre âme est indéniablement bénéfique. Nous sommes tout à coup envahis d'une impression de plénitude et de calme. C'est difficile à décrire, mais la science médicale a probablement une façon plus approfondie de transmettre cet état d'être.

En effet, il a été démontré que la personne gratifiée par un autre individu (ou un groupe) d'un geste de reconnaissance, d'entraide ou de compassion voie son niveau de sérotonine (substance naturelle sécrétée par le corps humain donnant une sensation de bien-être, communément appelée drogue du bonheur) augmenter dans son organisme. Il a de plus été prouvé que la personne qui donne verra de même son niveau de sérotonine augmenter !

Comme si ce n'était pas suffisant, toute personne qui observe la scène verra aussi le niveau de cette « drogue naturelle » stimuler son organisme ! C'est plutôt renversant, n'est-ce pas ? Voilà ce qui explique en partie la grande popularité des émissions de télévision nord-américaines où l'on voit des groupes de gens se mobiliser pour venir en aide à des personnes aux prises avec un besoin important de résidence après un sinistre, de chirurgie esthétique ou dentaire, sans en avoir les moyens.

Au-delà de ces sensations vitales de bonheur et de bien-être, donner peut avoir un impact encore plus concret sur notre vie personnelle et professionnelle. Nos mères et nos grands-mères nous répétaient que l'on récolte ce que l'on sème dans la vie. En voici tout un exemple :

Nous sommes à la fin du 19e siècle aux États-Unis. Un couple vivant à New York se trouve en visite à Philadelphie et tente de se dénicher une chambre d'hôtel, tard en fin de soirée. George, le directeur de nuit à l'hôtel Bellevue (devenu Bellevue-Stratford et aujourd'hui Park Hyatt) où le couple tente de trouver refuge, appelle tous les hôtels de la ville, mais partout on affiche complet.

Résigné, le couple s'apprêtait à quitter l'établissement lorsque George accourt et leur demande s'ils veulent passer la nuit dans la modeste chambre, où il dort parfois quand il n'y a pas trop de va-et-vient à la réception : « Ce n'est pas une suite royale, mais je m'en voudrais de vous laisser partir ainsi en sachant que vous devrez errer toute la nuit dans la ville avant votre départ pour New York, faute d'avoir un endroit où dormir. Je vous en prie, acceptez cette humble chambre, cela me ferait réellement plaisir. De toute façon, c'est tellement occupé que je n'aurai pas le temps de dormir », insista-t-il.

Après un moment d'hésitation, le couple accepta donc. Le lendemain, en réglant la note, le type et son épouse ne cessaient pas de louanger ce directeur si dévoué et désireux de rendre service. « Vous êtes exceptionnel, George. Nous vous sommes énormément reconnaissants. »

Le couple repartit et, deux ans plus tard, George reçut une lettre de cet homme le remerciant encore une fois du geste effectué à l'époque, toutefois il avait également pris soin de glisser dans l'enveloppe un billet de transport en train pour New York.

George accepta l'invitation. Le type, visiblement bien nanti, passa le prendre à la gare dans une voiture luxueuse et l'emmena sur la 5e Avenue à Manhattan, s'arrêta au bord de la rue et désigna vers la gauche un imposant édifice de pierre rouge.

« George… vous voyez ce bâtiment?

– Oui, je le vois », répondit le vaillant directeur de nuit.

« Eh bien, c'est un hôtel, George, un nouvel hôtel que je viens de faire construire. Et j'aimerais que vous acceptiez de devenir le tout premier directeur général de cet hôtel qui portera mon nom et s'appellera l'hôtel Waldorf. »

George Charles Boldt (1851-1916) fut le premier directeur général de l'un des hôtels les plus prestigieux du monde, le Waldorf-Astoria à New York, pendant 28 ans. Il y parvint grâce à un simple geste de service enthousiaste et spontané. Il a su faire une différence. Et lorsque l'on fait une différence de façon authentique et sincère, que l'on contribue à changer les choses, on ne sait jamais de quelle façon cela peut faire une différence également pour les siens et pour soi.

Donnez et vous recevrez.

En plus d'être envahi d'une impression
de plénitude et de calme,
donner peut avoir un impact encore
plus concret sur notre vie personnelle
et professionnelle.

37

FAIRE UNE DIFFÉRENCE

Lors de la chronique précédente, nous avons noté l'impact du fait de donner sur notre bien-être et celui d'autrui. L'histoire de George Charles Boldt, devenu le premier directeur général (et plus tard propriétaire) du Waldorf-Astoria, nous a permis de témoigner des répercussions concrètes, dans une vie et une carrière, d'un acte de générosité qui a su faire la différence. Je vous propose ici quelques idées de gestes tangibles qui peuvent être accomplis dès maintenant pour votre clientèle ou votre entourage :

Poster une carte manuscrite de remerciement ou de félicitations – Il est prouvé que le courrier lu en premier est celui qui est adressé à la main. De plus, les cartes de remerciement ou de félicitations personnalisées et manuscrites sont assez rares de nos jours ! Voilà une très bonne façon de toucher son client, collègue, employé ou ami et de se différencier. L'être humain demeure constitué à 80 % d'émotions, même s'il est dans les affaires !

Envoyer des livres, des articles de journaux ou des magazines – Lorsque vous voyez un article qui pourrait intéresser une de vos relations ou associés, découpez-le et envoyez-le-lui par la poste avec une petite note : « J'ai cru que cela pourrait t'intéresser. » La recette s'applique aussi bien avec un livre. Un petit 20 $ (ou euros) peut faire beaucoup de chemin…

Publier des articles dans des revues d'affaires et des journaux locaux – Toute publication est à la recherche de contenu, sur une base régulière ou de façon sporadique. Pourquoi ne pas avoir votre propre rubrique où vous donnez vos conseils à titre d'expert (immobilier, gestion de ressources humaines, finances, etc.)? On vous reconnaîtra comme un spécialiste qui offre de la valeur, pas comme un commerçant qui cherche à vendre quelque chose.

Faites parvenir un bulletin électronique – Que vous vous trouviez une tribune déjà existante ou non, pourquoi ne pas proposer votre propre conseil du mois ou de la semaine? (Même principe que le point précédent.)

Présenter des séminaires d'information – Fort populaires auprès des conseillers en placement, les séminaires se veulent une très bonne occasion de rencontrer les gens en personne, ce qui semble devenir de moins en moins courant. Et on y va doucement sur la promotion de nos produits et services. Voilà une occasion d'exposer vos connaissances et stratégies en fonction d'un thème d'intérêt précis. En ajoutant de la valeur de façon sincère et en gardant contact par la suite, vous aurez droit au retour du pendule.

«Posséder» une journée de l'année – Choisissez un jour précis et faites-en «votre» journée de l'année. Profitez-en pour organiser une activité spéciale avec vos clients: une sortie, un méchoui, un concours, une croisière! L'idée est d'attirer l'attention de vos partenaires et clients et de leur en offrir suffisamment en valeur et cadeaux pour qu'ils se présentent et invitent des gens qui ne vous connaissent pas encore. Que tout reste simple et convivial!

S'engager dans la communauté – Choisissez une cause, un organisme ou un établissement et engagez-vous. Des groupes offrent de la consultation pour vous guider dans cette démarche sociale. Investissez-vous généreusement, sincèrement et de façon constante. Vous le faites peut-être déjà, mais de temps en temps et en vous éparpillant. Vous aurez plus d'influence en regroupant vos forces.

Comme il en est d'une courbe de croissance en affaires, notre impact dans le monde n'est jamais linéaire. Donc, on progresse ou on régresse. On enrichit le monde dans lequel on vit ou on le dépouille de ce qu'il est prêt à nous donner.

À nous de choisir.

Nous perdons les deux tiers
de notre clientèle par indifférence
à leur égard.

38

LA RÈGLE DE TROIS

Lorsque l'on choisit d'entreprendre un projet, de faire montre d'une nouvelle ambition ou de poursuivre un de nos rêves, notre réflexe est souvent d'en parler à notre entourage, notre famille surtout. Comme moi, vous avez sûrement déjà entendu des commentaires décourageants et démotivants comme : « Es-tu bien certain que c'est une bonne idée ? » ; « Ah mais là, tu rêves en couleur… » ; « Il y en a d'autres qui ont essayé avant toi et cela n'a rien donné… Ils ont perdu de l'argent ».

Il m'a fallu des années pour comprendre et admettre que les gens autour de moi, souvent ceux et celles qui m'aimaient le plus, freinent sans le savoir mes ambitions et nuisent à l'accomplissement de ma destinée.

Alors, au lieu de me taire complètement, j'ai développé « la règle de trois ». Lorsque je souhaite réaliser un rêve ou un but important, j'en parle à seulement trois personnes, qui répondent à trois critères :

1. elles ne jugeront pas mon projet ou mon idée ;

2. elles ne me jugeront pas ;

3. elles sauront me soutenir et m'encourager.

Le plus souvent, les trois personnes à qui vous pourrez librement communiquer vos rêves et vos ambitions, ce seront des amis intimes qui sont devenus, au fil du temps, un peu comme des âmes sœurs. Il peut aussi s'agir de personnes avec qui vous avez une relation un peu plus détachée, comme un mentor, un accompagnateur, un entraîneur personnel ou un modèle. Ces gens ont tous un dénominateur commun : ils ont à cœur notre réussite et notre épanouissement personnel.

Alors, faites une liste de ces personnes clés et appliquez la règle de trois : vous serez davantage inspirés et motivés !

Quelles sont les trois personnes
qui ne vous jugeront pas,
ni vous ni vos ambitions?

39

MOTIVER ET GARDER SES EMPLOYÉS

La pénurie incessante de main-d'œuvre, de fidélisation et de rétention des employés a pris l'ascendant sur la motivation des employés. La motivation de ses troupes, en tant que dirigeant d'entreprise ou chef d'équipe, n'est plus le seul défi à relever, surtout pour une population vieillissante.

De plus, on constate malheureusement un épuisement des ressources en place et un manque flagrant d'efforts des dirigeants pour améliorer la santé physique et émotive de leurs employés. Nous pouvons plaider l'ignorance, mais comme pour la loi, cette dernière ne constitue pas une défense ou une excuse.

Toutefois, l'épuisement et l'angoisse que vivent les cadres en entreprise sont de plus en plus évidents. Et les conséquences sont désastreuses. Selon une étude réalisée par la société internationale Towers Perrin, publiée en janvier 2003, plus de 50 % des salariés sont insatisfaits de leur vie professionnelle. Ces derniers avouent qu'ils préféreraient exercer un autre emploi ou travailler pour une autre entreprise ou industrie plutôt que de se rendre chaque matin chez leur employeur actuel. Et qui dit passion pour son emploi dit aussi motivation, engagement, responsabilisation et, bien sûr, résultats ! L'inverse est tout aussi vrai.

De plus en plus, l'importance d'aimer ce que l'on fait s'inscrit dans la dynamique de la culture moderne d'entreprise. La force de travail actuelle se questionne sur cette valeur et résiste au malaise croissant de travailler à contre-courant de sa propre nature. Bien qu'on ne puisse pas faire le choix de carrière pour ses propres employés, il n'en demeure pas moins qu'il existe des moyens fort simples et peu coûteux de contribuer à créer un climat de travail inspirant, qui aidera certainement à développer un sentiment d'appartenance et une motivation personnelle plus soutenue.

1. Donnez un sens au travail. Savoir pourquoi on fait les choses est aussi important que de savoir quoi faire et comment le faire, particulièrement pendant une période charnière pour notre entreprise ou notre industrie. Un individu ou une équipe qui connaît le sens précis de son rôle et de ses tâches aura une plus grande motivation et demeurera inspiré plus longtemps qu'un employé qui exécute simplement son travail, insouciant de sa mission, s'attachant trop souvent aux bénéfices personnels à court terme (salaire, primes de rendement, sécurité d'emploi, etc.).

Communiquez efficacement, et de façon répétée, la raison d'être de chacun des partenaires quant à son rôle au sein de votre équipe et vous noterez un meilleur esprit de corps. Vous verrez, les gens seront plus dévoués.

Il y a quelques années, une multinationale de l'industrie pharmaceutique, qui avait vu son titre boursier dégringoler de près de 75 %, s'inquiétait d'une baisse potentielle importante de motivation de ses employés, puisque des titres de participation de l'entreprise faisaient partie intégrante du plan de rémunération. Une étude auprès des employés a révélé qu'à peine un faible 3 % de réduction de la motivation des employés avait été perçu après les déboires des parts sociales. Pourquoi pas plus? La raison c'est que, selon l'étude, les employés se sentaient engagés dans une mission plus grande que leur fonction et que la valeur de l'action.

Ils étaient convaincus que cette situation n'était que passagère et que la valeur à la hausse reviendrait si chacun continuait de servir la clientèle.

2. Dites ce que vous pensez et pensez ce que vous dites. Attention au ton, mais surtout à l'intention ! Tout est là. On jugera toujours les « grandes personnes » à la façon dont elles traitent les « petites personnes ». L'être humain est suffisamment intelligent et intuitif pour faire la différence entre ce qui est vrai et ce qui le semble en apparence, à en juger aux propos et au ton lancés de la bouche de ses dirigeants. Nous devons éviter de duper nos partenaires au sein de l'organisation. Surtout en période décisive et durant la « traversée du désert » où la tentation est grande de garder des secrets, nous devons adapter notre discours, le simplifier. Allez droit au but, ne brusquez point. Demandez l'avis de vos collaborateurs : les meilleures solutions dorment souvent dans les tiroirs ou les méninges des membres de notre équipe.

3. Reconnaissez, appréciez et validez. Voilà ce que l'être humain recherche le plus dans la vie : être reconnu, apprécié et approuvé. Le sentiment le plus recherché chez votre employé (ou client, membre de votre famille, ami, etc.) est le sentiment d'importance. Les gens sont constitués à 80 % d'émotions. Ce n'est pas en s'évertuant à leur faire comprendre (en utilisant notre partie rationnelle) que l'on réussira à les influencer, mais plutôt en établissant un contact sur le plan émotif.

Après que vous aurez communiqué avec les gens, ces derniers peuvent oublier votre nom et les détails de votre conversation. Néanmoins, une chose est certaine : ils se souviendront de l'impression que vous leur avez laissée, de leur manière de se sentir lors de la prise de contact. C'est là que très souvent, durant des périodes d'incertitude et de crise, le bât blesse et que nous perdons le « momentum » avec nos partenaires. La reconnaissance sincère est ce qui coûte le moins à une organisation, mais c'est ce qui revêt la plus grande importance pour l'être humain qu'il est avant même d'être un employé.

4. *Communiquez et célébrez les victoires*. Communiquez les bons coups. Faites-le de façon non officielle, cela semblera plus spontané. Abordez chaque réunion en incluant une section «bonnes nouvelles». C'est-à-dire que chaque participant a 10 secondes pour communiquer son plus récent et meilleur succès, peu importe son ampleur.

Le géant de l'industrie automobile, Chrysler Corporation, sous la gouverne de Lee Iacocca, avait eu recours à cette tactique lors de ses efforts de restructuration au début des années 1980. Cela avait changé les mentalités. Acculés à la faillite, l'entreprise, ses dirigeants et ses employés avaient réussi à changer leur état d'esprit, leur façon de penser. Ils pensaient à la réussite et à la croissance au lieu de s'abandonner à l'échec. N'est-ce pas ce que nous recherchons tous? Et n'oublions pas que la bonne vieille sortie d'équipe au resto ou ailleurs a bien plus d'effet que l'on peut l'imaginer. La simplicité renferme son germe de puissance.

Le sentiment le plus recherché
chez l'être humain est le sentiment
d'importance.

40

ATTIRER LE MEILLEUR POUR SOI

Saviez-vous que vous êtes un aimant de richesse ambulant?

Certes, mais qui dit richesse dit plus qu'abondance matérielle. Imaginez tout ce que vous aimez avoir et recevoir dans votre vie; pas ce que vous ne voulez pas. Et c'est souvent le problème : l'être humain, foncièrement négatif, a tendance à fixer son attention sur ce qui ne va pas, sur ses manques. Nous pensons à notre manque d'argent. Nous en parlons, nous ressentons de vives émotions par rapport à ce manque obsédant. Eh bien, la vie ne vous décevra pas si c'est ainsi. Elle vous enverra ce qui est conforme à vos réflexions. Elle ne fait pas la différence entre ce qui est bon ou mauvais pour vous. Vos pensées obsédantes prendront forme.

La vie manifeste à votre intention tout ce à quoi vous prêtez attention. Plus vous pensez à votre bobo, plus il se manifestera. Plus vous accordez d'attention à vos disputes conjugales et les mijotez ou analysez, voire déformez en esprit, plus il y en aura. On commence à comprendre le principe? Si oui, le plus facile est réglé.

Ce qui est moins évident, c'est de penser à l'abondance quand notre réalité est tout autre. Aussi intense soit-elle, notre situation est temporaire. Le plus difficile, c'est de s'imaginer que l'argent entre dans notre vie quand ce n'est pas encore le cas. Une telle mentalité d'abondance saura pourtant créer de la richesse dans votre vie, sur tous les plans que vous souhaitez, y compris la santé. Des milliers de survivants du cancer témoignent de cette vérité. En plus de bénéficier des avancées de la médecine moderne et de suivre les traitements appropriés, ils ont préféré mettre leur attention sur l'état voulu, plutôt que sur celui subi. Le fait que notre santé ou nos finances soient menacées ou attaquées ne fait pas de nous une victime

Fixez votre attention sur ce que vous souhaitez, pas sur ce que vous ne voulez pas, et vous verrez vos espoirs se concrétiser.

Vous êtes un aimant
de richesse ambulant.

41

LE SENTIMENT DE PETITESSE

Nous connaissons tous des gens qui éprouvent un malin plaisir, pour ne pas dire un bonheur pervers, à blesser autrui par des propos contrariants. Et ils finissent souvent leur phrase ainsi : « Mais non… c'était une blague ». Et vous savez très bien que c'est ainsi qu'ils sont faits et qu'ils avaient la ferme intention de vous meurtrir, de vous irriter profondément. Ils cherchent à piquer au vif, à froisser en usant de commentaires réducteurs qui visent à nous faire sentir inférieurs à ce que nous sommes.

Que peut-on dire de ces gens qui jugent et blessent les autres impunément ? Et que dire de notre réaction dans tout cela ?

Premièrement, parlons de l'agresseur. Je me souviens d'une entrevue de Jay Leno avec Oprah Winfrey alors qu'elle était invitée au talk-show américain *The Tonight Show*. Ils parlaient de ces vedettes qui traitent les autres comme des ordures lorsque le rideau est baissé et les projecteurs éteints (tout finit par se savoir, de toute façon). Selon moi, comme nous l'avons dit précédemment, Oprah avait bien résumé la discussion en une phrase : « On peut juger les "grandes" personnes à leur façon de traiter les "petites" personnes. » Je crois que cela disait tout.

En fait, voit-on quelqu'un réellement bien dans sa peau faire sentir à son prochain à quel point il est inférieur ou inadéquat ? On note plutôt le contraire. Les meilleures personnes, peu importe leur rang social ou leurs revenus possèdent ce dénominateur commun : elles savent édifier les autres individus, surtout les plus anonymes et les plus fragiles.

Quelqu'un qui rabaisse une autre personne la rabaisse à « son niveau ». La conséquence logique est donc automatique : celui ou celle qui tend à invectiver ou à dévaloriser son prochain se sent forcément menacé ou menacée par l'autre. On ne cherche pas à amoindrir un être déjà plus « bas » que nous !

Donc, si cela vous arrive de nouveau d'être victime d'un de ces offenseurs qui tente simplement d'afficher son sentiment de petitesse, au lieu de vous en offusquer, félicitez-vous : ce dernier se sent « petit » par rapport à vous et vous voit donc plus « grand » que lui.

Autre chose en terminant. Le sentiment que cela vous laisse (indifférence, isolement, colère, dépression) reflète votre estime personnelle. L'attaque n'est pas en cause : c'est votre propre sentiment par rapport à vous-même. Allez régler cela en faisant abstraction de qui tire sur qui.

Gardez votre cœur de guerrier en tout temps !

Seule une personne souffrant
d'un complexe d'infériorité aura
le réflexe de tenter de vous faire sentir
inférieur. Mais vous êtes la seule
personne qui ait le pouvoir de
l'accepter ou non.

42

ÊTRE « CONFORTABLE » AVEC L'INCONFORTABLE

L'être humain est une créature d'habitudes. Paradoxalement, pour survivre, nous avons dû constamment nous adapter, changer nos habitudes de vie, de travail, de loisirs même. Et nous avons toujours réussi. Mais pourquoi les gens résistent-ils tant au changement ? Pourtant, la majorité d'entre nous adore aller voir un nouveau film, changer de voiture, de décoration à la maison. On rénove comme jamais !

Donc, tel que mentionné dans une chronique précédente, le changement, même imposé au travail, n'est jamais le problème. Contrairement à mes exemples, nous perdons – ou avons peur de perdre – ce que nous connaissons. Il suffit de s'adapter et de reconstruire sur une base établie. Si votre bureau change le système informatique, cherchez à connaître les fonctions ou procédures qui ressemblent aux anciennes. Même chose pour un nouveau local après un déménagement : remettez vos photos en place, vos livres de référence et autres documents, etc. Comme un enfant gardé par sa tante ou sa grand-mère a besoin de sa « doudou » partout où il va coucher, nous avons tous besoin de nous ramener à du « connu » lorsqu'il se produit un changement.

Étant donné que tout bouge si vite, on peut parfois avoir l'impression de perdre les pédales… Or, le meilleur sentiment de sécurité, c'est l'insécurité qui nous le procure. En effet, il est normal de devenir inconfortable quand surgit la possibilité de sortir de sa zone de confort, tout comme ce l'est de ne plus être certain des manœuvres à 100 %. Mais comme le bâillement essaie d'instinct de nous réveiller, de raviver nos forces, cette insécurité pousse à questionner pour être éclairé. Il reste qu'on ne sera jamais plus à l'aise à 100 % tant qu'on n'aura pas suffisamment exercé sa technique avec les nouvelles technologies, par exemple.

Je préconise aussi qu'on lâche prise sur le perfectionnisme. Il n'est pas essentiel de tenter d'avoir tous ses courriels écrits avec des phrases et une prose parfaites, comme on peut vivre avec un garage qui n'est pas toujours dans un ordre parfait, et on doit accepter les défauts de ses enfants – composer avec les irritants ou les habitudes qui ne sont pas tout à fait à notre goût.

De même, on résiste à une restructuration comme on n'aime pas ce sentiment d'inconfort qui vient après qu'on a changé notre montre de poignet. Déplacez le réfrigérateur dans la cuisine et vous frapperez souvent le mur en allant chercher le brocoli. On a juste envie de revenir en arrière et c'est normal. Déjà, le fait d'accepter ce sentiment d'inconfort, d'insécurité, est une victoire.

La prochaine victoire viendra sous peu. En effet, nos habitudes changeront sans que l'on s'en rende compte. Vous éprouverez le pire lors des trois premières semaines, mais c'est un état temporaire.

Le leader de demain doit non seulement apprendre sans cesse de nouveaux trucs, mais surtout il est celui qui saura vivre avec l'incertitude du lendemain, le « je ne sais pas, mais ça ira… » Il sait apprendre mais aussi désapprendre. Apprendre à apprendre est probablement une des grandes clés du sentiment de liberté qui accompagne la productivité. Les tensions sont néfastes à la productivité comme à la santé.

Apprenons à être à « confortable » avec l'inconfortable.

« Remarquez que l'arbre le plus rigide
est facilement cassable, tandis que
le bambou ou le saule peut survivre
en pliant sous le vent. »
Bruce Lee

43

LES LEÇONS DU TIGRE

Tout le monde connaît Tiger Woods! Il domine son sport – le golf – comme cela ne s'est jamais vu et, à 32 ans en 2008, il est devenu le premier milliardaire du sport. Lorsqu'il se met sur le turbo durant un tournoi et se donne à fond, ses adversaires regardent à la télé ce qu'il fait au lieu de jouer!

Surnommés les « dominateurs », ces super-athlètes de la trempe de Martina Navratilova, Wayne Gretzky, Michael Jordan et Eldrick, dit Tiger Woods ne se contentent pas de vous battre à plates coutures: ils s'arrangent même pour que vous vous « assommiez » vous-même. Dans le but de nous inspirer dans notre ascension vers des sommets personnels et collectifs, et ce, dans nos disciplines respectives, voici quelques secrets du Tigre selon d'autres « dominateurs » (source: *Reader's Digest*, par Devin Gordon):

Le génie, c'est 99 % de transpiration – Le succès repose d'abord sur le travail. « Les pros ont tous du talent, dit la super-championne de tennis Martina Navratilova, mais Tiger Woods travaille plus dur que n'importe qui, et c'est pour cela qu'il démolit ses adversaires. » On connaît la manie de Tiger de frapper balle après balle jusqu'à la tombée de la nuit. Il disait au début de l'année 2001 qu'il se pratiquait déjà pour le Masters. On le prenait à la blague, jusqu'à ce qu'il remporte le Masters (à 21 ans) cette année-là.

Laissez paniquer l'adversaire – « Plus le match était important, plus j'étais calme », disait Wayne Gretzky, meilleur marqueur de l'histoire du hockey et quatre fois champion de la Coupe Stanley. Les dominateurs s'arrangent pour profiter de la nervosité de l'adversaire.

Il ne suffit pas de dominer, il faut intimider – Ce n'est pas par hasard que Tiger Woods enfile un tricot rouge pour ses tournois du dimanche. Pour le battre, ses adversaires doivent jouer de manière impeccable. Lui, il se contente de bien jouer. Lorsque les autres golfeurs finissent par commettre l'inévitable erreur, leur moral ne tarde pas à se détériorer…

Pensez à la postérité – Tiger Woods ne domine pas le circuit en remportant tous les tournois. Il convoite toutefois les quatre épreuves du Grand Chelem. Il ne fait qu'aspirer à ces grands moments de gloire. Vous avez beau être le meilleur joueur de foot (soccer), si vous n'avez jamais remporté la Coupe du Monde, comment se souviendra-t-on de vous ? Michael Jordan qui dominait aussi le basketball se sera enfin déchargé de toute cette pression, en passant à l'histoire en remportant son premier championnat de fin de saison de la NBA avec les Bulls de Chicago.

Ne soyez jamais satisfait – Tiger Woods n'a jamais travaillé aussi fort que depuis sa victoire de son premier Tournoi des Maîtres en 1997. Il a compris qu'il n'atteindrait jamais le record de Jack Nicklaus, qui en a gagné 6, s'il ne perfectionnait pas son jeu. Il a passé les 18 mois suivants à parfaire son élan en allant jusqu'à le changer complètement. Après quelques mois de recul, on connaît les retombées aujourd'hui. Un élan spectaculaire et de plus en plus contrôlé et précis.

Voyez comment vous pouvez utiliser ces façons d'être afin de réaliser le maximum de votre potentiel.

« Les gens qui s'actualisent doivent
devenir ce qu'ils peuvent devenir. »
Abraham Maslow

44

SE COMPARER OU NON

On me demande souvent s'il est bon de se comparer. Je répondrais que cela dépend de l'intention derrière cette comparaison et de la raison d'être de cette dernière. Personnellement, j'ai toujours plus brillé dans une discipline (sportive, scolaire ou professionnelle) que je pratiquais avec des gens plus compétents, expérimentés et talentueux que moi. Vous avez sûrement vécu le même type d'expérience de votre côté. En fait, il est à peu près impossible de grandir si nous sommes entourés de gens qui se distinguent moins que soi autour de nous.

Mis à part les surdoués dans leur domaine comme Tiger Woods au golf, Alexander Ovechkin au hockey, Bill Gates et Warren Buffett en affaires, le commun des mortels a besoin d'être stimulé par plus grand que soi afin d'atteindre ses sommets personnels et d'accroître ses performances. De toute façon, même ces phénomènes de grande envergure ont des accompagnateurs et des conseillers qui savent monter la barre d'un cran pour eux en temps et lieu.

Se comparer à un modèle dans la discipline de son choix, dans le but de s'en inspirer, s'avère très bénéfique, voire incontournable, en route vers la réussite. Un jeune golfeur professionnel en devenir pourrait avoir comme modèle Tiger Woods dans le but de stimuler son développement professionnel sans toutefois saboter son cheminement authentique ou sa propre identité de joueur.

Se comparer à nos modèles devient un exercice de croissance. Il s'agit de beaucoup plus qu'une simple reconnaissance de notre état actuel ou d'une comparaison. C'est une inspiration à s'élever au-delà de notre propre *statu quo*, soit l'état actuel des choses, et à aspirer à un niveau supérieur.

Par contre, se comparer littéralement aux autres, c'est délicat. Notre orgueil se met de la partie. Il peut à l'occasion être un moteur pour nous. Cependant, il peut jouer de mauvais tours. Il peut finir par nous épuiser. On avance et il grossit. On avance encore plus, il grossit encore plus vite et plus fort. On ne gagne jamais et on n'y gagne jamais.

La plupart du temps, se comparer revient à la longue à se dévaloriser. Nous cherchons instinctivement les parties plus fortes chez l'autre – on se compare rarement aux plus faibles que soi. Les gens qui se comparent souvent aux autres ont une faible estime d'eux-mêmes en général. Du moins, ils sont plus fragiles que la moyenne sur cet aspect.

Dans la plupart des cas, le combat doit se situer entre « vous » et « vous ». Entre vos bonnes et mauvaises habitudes. Entre vos excuses et vos raisons. Entre vos pourquoi et vos comment. Entre vos désirs et vos besoins. Entre vos objectifs et le *statu quo*. Pas entre le voisin et vous. Nous avons suffisamment de pression ainsi, pourquoi s'en mettre davantage sur les épaules ? Et si celui ou celle à qui on se compare avait moins de potentiel que nous ? C'est donc dire que nous nous réduisons. Tentez le plus possible de tenir votre combat à la bonne place.

À vous de juger.

Ce n'est pas où l'on est rendu qui est
remarquable, c'est où l'on s'est rendu
à partir d'où on est parti.

45

LE POUVOIR DE L'ANTICIPATION

Peu importe l'objectif visé, demeurer motivé à l'atteindre relève de la force des raisons qui nous portent à agir, mais aussi de l'anticipation de conclure ce résultat. Prenons par exemple l'objectif de s'entraîner et de faire plus d'activité physique.

Une amie à moi s'entraîne tôt le matin avant d'aller travailler. Son moment d'anticipation le plus important avant de quitter la maison est le café « de luxe » qu'elle va s'offrir après son entraînement. Elle le savoure déjà en quittant la maison. Elle se permet ce moment de plaisir seulement les jours où elle s'entraîne.

Nous pouvons aussi anticiper le moment où l'on reverra peut-être d'autres membres que l'on apprécie qui s'entraînent aux mêmes fréquence et plages horaires que soi. En allant au gym, c'est peut-être l'ambiance positive et énergique que l'on a hâte de retrouver. Pour ma part, je pense à l'état de bien-être que me procure le fameux sauna après une séance intense d'exercice. Et que dire de la soirée détendue que je passe, de retour à la maison, et de la nuit de sommeil profond qui s'ensuit !

Votre objectif à atteindre au boulot pourrait être le sentiment de satisfaction, la victoire personnelle d'avoir eu le courage et la persévérance de se rendre jusqu'à telle ou telle étape. Il s'agit peut-être de la reconnaissance de nos pairs, de la fierté que l'on retrouvera dans les yeux du conjoint ou de la conjointe. Ou tout simplement, ce moment de récompense que nous avons choisi de nous offrir pour avoir atteint le sommet ou une nouvelle étape !

Selon mes observations, ceux qui réussissent le mieux à trouver et à garder la motivation en tout sont ceux qui y trouvent du plaisir, directement ou indirectement. L'idée est donc d'apprendre à anticiper ces plaisirs associés aux différentes étapes, que ce soit pour un objectif de vente, d'affaires ou d'ordre tout à fait personnel.

Sachez anticiper vos victoires. Elles seront plus faciles à atteindre et plus nombreuses.

Quels bénéfices anticipez-vous
après la réalisation de vos objectifs?

46

SE LANCER EN AFFAIRES :
MOTIVATION 101

Se lancer en affaires est une chose, y rester en est une autre. Voici quelques idées qui sauront vous aider à garder la motivation, même durant les moments les plus creux.

Prendre la décision

Avant de vous féliciter d'avoir pris la décision de plonger vers l'inconnu, de quitter votre zone de confort, de fuir votre sécurité et de réaliser la vie de vos rêves, la question se pose : « Avez-vous vraiment décidé de vous lancer en affaires ? » De nos jours, choisir une voie, une carrière, une relation amoureuse même, devient un exercice qui nécessite toujours autant de tonus et d'énergie, mais il faut aussi du jugement. Le hic, comme dirait ma grand-mère, c'est malheureusement qu'on change d'idée comme on change de chemise !

Quelles sont les raisons – les vôtres et les vraies – pour vous lancer en affaires ? Alors que la plupart des entrepreneurs se demandent comment ils vont arriver à atteindre leurs objectifs et réussir, ceux qui réussissent le mieux et le plus longtemps savent pourquoi ils sont ce qu'ils sont et ils font ce qu'ils ont à faire. À mon avis, de 80 à 90 % de notre motivation provient de nos pourquoi.

Afin de garder votre motivation, ayez une liste d'au moins 25 raisons claires, précises et convaincantes de souhaiter relever ce défi. C'est votre point de départ et votre fil d'arrivée. Par désir de liberté ou de grande richesse, pour l'exploitation de ses multiples talents ou dans le but de prouver au monde vos capacités, de mieux servir votre société… peu importe, vos raisons sont votre moteur principal.

Garder l'œil sur la balle

Il est indispensable pour tout projet louable d'avoir une vision claire (pas celle qui ne veut rien dire et que l'on voit sur les murs dans les halls d'entreprise…) et des objectifs précis, mesurables et atteignables qui permettent de garder le tempo et la motivation lorsque l'on se lance en affaires. Une étape à la fois, un jour à la fois, un objectif à la fois. Gardez l'œil sur la balle.

Se libérer de ses croyances limitatives

Trop souvent sous-estimé, notre inconscient nous joue des tours. Nous sommes destinés à réussir. Mais peut-être avons-nous été programmés pour l'échec? Quels sont les messages que vous avez entendus durant votre enfance, à l'adolescence et tout au long de votre vie, et que vous avez finalement crus? «C'est pas facile de s'établir à son compte!»; «Aaah! ne va pas dans ce domaine-là, c'est déjà saturé!»; «Es-tu sûr que t'as les compétences pour cela? Sais-tu quel est le pourcentage de faillites pour les entrepreneurs durant les trois premières années? Trouve donc un vrai job!»

Pour en finir avec ce cercle vicieux, il est important d'en être conscient et d'être extrêmement vigilant. Puisque malgré notre grande conscience, notre inconscient – où ces messages résident depuis longtemps – est facilement quatre fois plus fort (80-20) que notre intellect. Et il serait facile pour moi de vous le prouver si nous étions face à face. Même si nous sommes notre premier adversaire, scruter méticuleusement son entourage s'avère aussi nécessaire, car il existe malgré tout plusieurs «éteignoirs» autour de nous.

Enrichir son cercle d'influence

Garder l'esprit bien branché sur nos raisons, nos objectifs et les possibilités, veut souvent dire s'entourer de gens qui ont réussi en empruntant le chemin que l'on entreprend. On les appelle souvent des modèles ou des mentors. Il peut aussi s'agir d'amis ou de relations qui savent vous appuyer, vous stimuler et vous encourager. Des gens qui ne vous jugeront pas ni vos idées les plus folles. Ces gens sont rares, mais ils existent. Sachez vous entourer de ces personnes inspirantes et motivantes.

Entre l'œuf et la poule

Pour garder la motivation, il faut pouvoir respirer financièrement. Combien de projets et d'entrepreneurs ont connu une fin abrupte à cause de cette incontournable réalité! Il est facile de perdre la motivation à cause de ce poids souvent insoutenable. Sachez garder un coussin financier en tout temps. Un minimum de trois mois de dépenses est à prévoir. Produire sous la pression d'un sentiment d'urgence d'ordre financier peut être acceptable à l'occasion, mais cela minera votre esprit, risque d'envenimer vos relations interpersonnelles et de vous éloigner de votre mission. À force de mettre constamment notre attention sur les œufs (revenus), on finit par tuer la poule (notre raison d'être et notre clientèle).

Pratiquer l'autoreconnaissance

Si vous avez des employés, n'oubliez surtout pas de leur montrer votre appréciation de façon sincère et régulière. Le premier facteur de motivation de l'être humain est le sentiment d'importance. Les gens ont besoin d'être reconnus, validés et appréciés. Vous faites partie de ce groupe.

N'attendez pas que cela vienne des autres, faites-le vous-même. À voix haute, mentalement, dans votre journal personnel, peu importe. Mais faites-le. Que cela devienne un réflexe pour vous. C'est l'oxygène de votre motivation et celle de vos employés.

La puissance qui nous habite
est toujours plus grande que la tâche
qui reste à accomplir.

47

DESTINÉS À RÉUSSIR EN ÉQUIPE

Rares sont ceux qui aiment vraiment travailler en équipe. Même ceux qui ont pratiqué beaucoup de sports d'équipe durant l'enfance et l'adolescence, et qui ont savouré les avantages de tels efforts communs, savent qu'il y en a toujours quelques-uns qui gardent le ballon ou la rondelle pour eux-mêmes. Et d'autres qui « traînent la patte ». Durant les travaux d'école jusqu'à l'université, qui ne s'est pas fait prendre à travailler plus que les autres et voir un ou deux fainéants s'en tirer avec la même bonne note à la fin ?

Selon moi, la performance d'équipe passe d'abord et avant tout par la performance individuelle, par un désir d'atteindre des sommets personnels, quel que soit notre rôle. Créer une entité qui saura garder l'œil sur la balle de façon collective et au bénéfice de notre clientèle et de l'entreprise relève souvent de l'exploit. Quoi qu'il en soit, nous sommes destinés à réussir en équipe. L'être humain est un être grégaire, un animal social. Nous avons réussi à survivre en tant qu'espèce au fil des millénaires non seulement grâce à notre grande capacité d'adaptation, mais parce que nous avons su le faire… ensemble.

Nous partagions nos défis et nos souffrances à la fin de chaque journée, autour du feu. C'était le rituel quotidien des diverses tribus de nos ancêtres. On s'écoutait. On trouvait des solutions ensemble. Personne n'était abandonné simplement parce qu'il avait des difficultés. La survie de l'un signifiait la survie de tous. Et sans remonter si loin, il y a moins de 100 ans, on se réunissait en famille autour du feu, chez nos grands-parents ou chez le voisin. On chantait, on dansait, on se racontait des histoires et on partageait ses problèmes afin d'obtenir de l'aide si nécessaire.

Parfois, il y avait un conteur qui nous captivait, nous ravissait. Comme soutien moral ou pour un partage des récoltes compensateur de coups du sort, chacun y allait de son grain de sel… Personne n'était à l'abri de tels problèmes ! Il n'y avait pas d'assistance sociale ou d'assurance salaire. Il n'y avait même pas de salaire. Nous étions interdépendants. Pas dépendants, ni indépendants. Notre réussite personnelle tenait de la réussite de tous, et vice-versa.

Aujourd'hui, nous nous « parlons » par l'entremise de nos boîtes vocales (on préfère laisser un message que de parler à la personne et on laisse la boîte vocale filtrer nos appels entrants). On fait de même avec le courriel. Certains en sont même à se « cacher » dans des salles de conférences vides ou à travailler de la maison pour éviter de se faire « déranger » par les employés, les collègues, et même parfois les clients (eh oui, j'ai récemment entendu un vendeur me dire que les clients le dérangeaient) !

Or, que s'est-il passé depuis ? Pourquoi en sommes-nous rendus à avoir des remarques cyniques lorsqu'un confrère tombe au combat plutôt que de s'empresser de l'aider à se relever ? Pourquoi avons-nous la remarque blessante et hypocrite à l'égard d'une personne qui fait une erreur autant dans sa vie personnelle que dans sa carrière ? « Je lui avais dit de ne pas l'engager cette personne-là ! » ; « Tant pis pour lui s'il a choisi cette marque de voiture, il cherchait les problèmes ! » ; « Ah ! c'était à elle de prendre le temps d'y penser avant de se marier ! » Nous avons tous été témoins de ces phrases assassines et de cette attitude. Si je savais pourquoi nous sommes devenus à ce point insensibles et individualistes, je marcherais probablement sur l'eau. Ce n'est pas du tout le cas. Voici par contre ce que je reconnais nécessaire en vue d'améliorer l'esprit et le travail d'équipe :

Avoir une attitude exceptionnelle – On ne peut pas aimer tous ceux avec qui nous travaillons. Mais il reste que seules les personnes agréables peuvent attirer et garder des personnes agréables dans leur entourage. De toutes les qualités nécessaires à notre réussite personnelle et professionnelle, la majorité sont regroupées sous la rubrique « attitude », c'est-à-dire le savoir-être. Bien entendu, notre savoir est important (connaissances scolaires et expérience), sans oublier notre savoir-faire (compétences, talents, habiletés). Il n'en demeure pas moins que l'attitude que nous choisissons d'avoir vis-à-vis des événements et des gens autour de nous fera toute la différence.

Donner un sens à ce que l'on fait – Il a été prouvé que des partenaires de groupe qui travaillent sur un projet commun qui les dépasse seront tout à fait mobilisés et sauront mieux faire face aux obstacles qui surgiront sur leur parcours. En somme, notre mission ou notre raison d'être prend sa valeur et sa signification en fonction du service rendu. Notre talent n'est jamais vraiment au service de nous-mêmes. Il demeure une aptitude unique à exploiter pour satisfaire autrui.

S'adapter aux autres types de personnalité, ne pas essayer de les changer ! – C'est vrai que 10 % des membres d'une équipe peuvent causer 50 % des problèmes dans un groupe et une organisation. En revanche, il est impossible que la majorité de vos coéquipiers soient « difficiles ». Ils sont néanmoins différents et travaillent à leur façon. Par exemple, les personnalités extraverties trouvent les introvertis lents et sans enthousiasme. Si vous êtes du type axé vers la tâche, vous aimez les détails, la précision et les résultats. Pas si l'on est orienté vers les gens.

Ces contrastes rendent les communications plus complexes. L'erreur est de vouloir changer l'autre ou d'essayer de se changer. Ce n'est pas nécessaire et c'est parfois impossible. Tentez plutôt de reconnaître le style de l'autre et de vous y adapter. Voilà la clef.

Aimé ou respecté – Le défi de tout dirigeant consiste souvent à choisir entre être aimé ou être respecté. Cette réalité s'étend à l'ensemble de la force de travail, quoique de façon plus inconsciente. Néanmoins, tenter de se faire aimer de tous finit par produire l'effet contraire. Voici quelques trucs – des choses à dire plus souvent pour se faire aimer et respecter :

- dire « je ne sais pas » plus souvent – au lieu de dire n'importe quoi ;
- dire « je m'excuse » si nécessaire – lorsqu'on commet une erreur ;
- dire « merci » plus souvent – pour l'aide obtenue et les efforts soutenus.

Faire des dépôts : le pouvoir de l'appréciation – Nous avons tous un compte de banque « relationnel » avec chaque individu avec qui nous entrons en contact au quotidien. Et à l'image d'un compte bancaire traditionnel, avant de faire un retrait (une demande à une autre personne), nous devons faire des dépôts (appréciation, valorisation, reconnaissance de l'autre). L'appréciation et la reconnaissance sont ce qui coûte le moins cher à l'employeur et à l'employé, mais elles ont la plus grande valeur pour ce dernier. La collaboration vient après la valorisation et l'appréciation.

Plusieurs défis nous attendent et nous concernent. Personne n'y arrive tout seul.

L'appréciation et la reconnaissance
ne chuteront jamais à la Bourse.
Ce sont des parts sociales
d'une valeur incalculable.

48

L'ENGAGEMENT

On entend souvent des gens qui souhaitent devenir plus actifs, atteindre leur poids santé, cesser de fumer, épargner en vue d'un projet spécial, etc. Mais il existe une énorme différence entre souhaiter et décider d'agir. Vouloir que quelque chose se produise ne le fera pas arriver. Cela exige une décision ferme et nette. Et rien de mieux qu'un engagement envers autrui pour s'assurer de son assiduité.

Être redevable à quelqu'un, oui, mais pas au premier venu. Il importe de communiquer notre objectif et notre décision à des gens qui revêtent de l'importance pour nous. Des gens pour qui nous éprouvons un sentiment de joie et d'épanouissement devant ce que nous jugeons supérieurement beau ou grand de leur part. Nos modèles et nos mentors, par exemple. Nous recherchons l'admiration de ceux qui suscitent cette impression en nous. Voici un exemple de lettre d'engagement :

Cher ami,

Tu es mon ami et je te respecte beaucoup. Ton amitié et ton soutien sont très importants pour moi. Par la présente, je choisis donc de te communiquer mon engagement de perdre du poids et d'augmenter mon tonus musculaire. Mon objectif est de m'entraîner trois fois par semaine.

Grâce à cette réalisation, j'aurai une meilleure santé et je me sentirai mieux dans ma peau, surtout sur la plage pendant mes vacances au Maroc en janvier prochain! Je pèse actuellement 90 kilos et, compte tenu de mon entraînement, je compte perdre 5 kilos d'ici au 31 décembre prochain. Je te communiquerai mon poids officiel par courriel.

Ma santé a une valeur de plus en plus importante dans ma vie. Je suis heureux que tu en fasses partie et j'ai la joie de partager avec toi ce défi que je relève aujourd'hui.

À très bientôt...

Marc André

Bien sûr, le meilleur engagement est celui que l'on prend envers soi-même, d'abord pour soi. Pas avec son conjoint ou sa conjointe ni l'entraîneur ou même l'employeur. L'engagement additionnel envers ces personnes rehausse tout simplement notre niveau de responsabilité vis-à-vis de notre objectif; d'où une motivation accrue.

« Vous êtes le seul problème
que vous aurez et la seule solution.
Le changement est inévitable.
Votre développement est
une décision personnelle. »

Bob Proctor

49

POURQUOI NOS CLIENTS NOUS QUITTENT

Les marchés changent ainsi que nos clients. La clientèle a de plus en plus de choix, de moins en moins de temps, est mieux informée, plus sensible au prix, plus sollicitée par la concurrence, plus exigeante, pardonne moins facilement et, plus difficile à satisfaire, devient par conséquent moins fidèle.

Malgré la qualité de nos produits ou services et nos efforts soutenus à offrir une expérience client remarquable, certains clients réguliers choisiront de nous quitter. Voici des statistiques qui offrent certaines pistes afin d'éviter l'hémorragie. Et au moment d'écrire ces lignes, en 2009, il était établi que le coût d'acquisition d'un nouveau client n'équivalait plus à quintupler ou sextupler celui de retenir le client assidu comme ce fut le cas pendant des années, mais bien de décupler l'investissement!

Alors, voici de façon générale pourquoi nos clients finissent par nous quitter: 1% décédera, fatalité oblige; un mince 3% déménagera là où vous n'offrez pas vos produits ou services; 5% feront désormais des affaires avec un membre de leur famille ou un ami avec qui ils ont une relation fidèle, indépendamment de la qualité de votre offre. Jusque-là, nous n'avons pas vraiment de contrôle sur ces prises de décision.

Par contre, presque 1 sur 10 (9%) ne reviendra plus chez vous parce que vous avez mal résolu ou ignoré une plainte. Tout le monde connaît le fameux client silencieux, c'est-à-dire celui ou celle qui règle sa dernière facture sans dire un mot à qui que ce soit de l'organisation, mais qui en parle à 11 personnes de son entourage en moyenne. Or, la prochaine fois qu'un de vos clients se plaint, reconnaissez ce geste de sa part et agissez en conséquence. Car la plupart ne le font pas, mais répandent la « mauvaise nouvelle » à la vitesse de l'éclair.

Un peu plus (14 %) nous quittent pour des raisons de prix ou de valeur. Pas nécessairement parce que c'est « trop cher ». Ce serait trop facile pour nous de jeter l'éponge dans ce cas. Pourquoi avons-nous embauché et formé des professionnels de la vente, donc ? Ici, c'est que notre client ne voit pas – ou ne voit plus – de valeur égale ou supérieure au prix demandé. Pourquoi certains sont-ils prêts à s'endetter pour une voiture deux ou trois fois le prix de celle qui rendrait le service d'un déplacement ? C'est que ce client perçoit suffisamment de valeur associée à ces dizaines de milliers de dollars ou d'euros additionnels.

Mais là où le bât blesse le plus, c'est ce dernier segment : plus du tiers de nos clients (68 %) nous quittent par indifférence de notre part envers eux. Nous les avons tenus pour acquis. Nous cessons de les écouter, de les inviter à des événements spéciaux, nous nous sommes relâchés dans notre suivi. Une simple carte, un appel, une promotion pour les clients fidèles, une invitation spéciale et unique peuvent faire toute une différence. Pour plus d'idées, reportez-vous à ma chronique : « Faire une différence », publiée précédemment dans cette compilation.

Ce n'est pas parce que les clients sont de moins en moins fidèles qu'il faut leur donner des raisons de nous quitter. Seuls votre équipe et vous pouvez faire la différence.

« Les clients accordent plus de valeur
à la façon dont on vend le produit
qu'au produit lui-même. »
Neil Rackham et John De Vincentis

50

LA GRÂCE ET L'EFFORT

Puiser et garder la motivation de changer quoi que ce soit dans nos vies, nos croyances, notre façon de penser, notre comportement, peu importe – cette transformation demeure et demeurera une aventure bien personnelle. Il arrive plus ou moins les mêmes choses à ceux qui réussissent qu'à ceux qui abandonnent. La différence, c'est le degré de valeur que l'on attribue à sa démarche. Parce qu'au-delà de la motivation initiale, il n'en demeure pas moins que cette expérience se soldera par la réalisation d'une meilleure vie. Surtout, on devient une meilleure personne.

Notre démarche de transformation personnelle est comparable, selon moi, à l'envolée d'un oiseau. Afin de mieux visualiser cette image, je vous suggère de réfléchir à un canard sur l'eau. Alors qu'il est assis, flottant confortablement, arrive ce moment où il doit s'envoler. Et je remarque toujours le même scénario à la vue de cette espèce qui prend son envol. Le départ est toujours laborieux.

D'abord, l'oiseau s'élance vers le haut afin de dégager son ventre et ses ailes de l'eau, il se met automatiquement à battre vigoureusement des ailes tout en utilisant du mieux ses palmes. Son but est de prendre de plus en plus d'altitude. Il le fait en déployant beaucoup d'efforts de tout son corps afin de réussir à s'envoler à des dizaines de mètres d'altitude. Par contre, avez-vous remarqué qu'avec le temps, son envol se transforme en un vol, et plus il vole, plus il s'exerce avec grâce et moins il déploie d'énergie et d'efforts? À un certain niveau, c'est 0% d'efforts et 100% de résultats…

Les efforts sont temporaires, mais les résultats sont permanents. À l'instar de ce canard prenant son envol, notre démarche de changer une habitude dans nos vies deviendra de moins en moins un effort, et de plus en plus un plaisir et un automatisme. Voilà un principe bien naturel et universel. Il n'en tient qu'à vous. Vous avez toujours le choix. Et qui sait, peut-être deviendrons-nous aussi de plus en plus gracieux… et libres!

Les efforts sont temporaires,
mais les résultats sont permanents.

51

ERREURS, ÉCHECS ET SUCCÈS

Existe-t-il un lien entre nos erreurs, nos échecs et nos succès ? Voici quelques anecdotes inspirantes qui sauront répondre de façon éloquente à cette question.

Bon à s'en lécher les doigts

Voici comment l'adversité a rendu un propriétaire de restaurant chef d'un des plus importants réseaux de franchises au monde :

En 1956, la construction d'une nouvelle autoroute a contraint le colonel Sanders à abandonner son commerce. La valeur de son café s'étant effondrée, il parvient tout juste à le revendre lors d'une vente aux enchères pour 75 000 $, somme avec laquelle il réussit à rembourser une partie de ses dettes. Ruiné, abattu, M. Sanders ne vit plus à l'âge de 66 ans qu'aux crochets de la sécurité sociale, se contentant d'un chèque mensuel de 105 $ en plus de ses maigres économies.

N'ayant plus rien à perdre, il emporte avec lui sa recette de poulet frit et monte à bord de sa Ford 1946. Il part sillonner l'Amérique à la recherche de restaurants qui accepteraient de devenir franchisés. On raconte qu'il dut réessayer 1009 fois avant de convaincre un établissement d'investir dans sa recette. Son acharnement finit par payer et il se retrouve à la fin des années 1950 à la tête d'un empire de 400 restaurants franchisés. À la fois gérant et emblème de sa chaîne, le colonel se retrouve propulsé au rang de véritable icône de l'Amérique, apparaissant dans de nombreuses publicités PFK ou KFC et événements promotionnels de la chaîne. PFK n'aurait jamais vu le jour si le colonel n'avait pas subi d'échecs ou fait face à l'adversité.

La naissance de géants

En 1978, Bernie Marcus, fils d'un pauvre ébéniste russe vivant à Newark au New Jersey, a perdu son emploi chez Handy Dan, une quincaillerie à libre-service. Ce licenciement a poussé Bernie Marcus à s'associer à Arthur Blank et à monter leur propre entreprise. En 1979, ils ont ouvert leur premier magasin à Atlanta en Géorgie. Au moment d'écrire ces lignes, Home Depot compte pas moins de 760 magasins et un personnel de plus de 157 000 employés ; ses ventes annuelles dépassent les 30 milliards de dollars.

Que dire de Tom Watson, fondateur de l'une des plus grandes entreprises du monde, IBM ? Il était employé de NCR (National Cash Register) aux États-Unis. Ayant mal accepté son congédiement, il s'est dit qu'il se lancerait à son tour en affaires. Mais pour lui, être national n'était pas suffisant. Il préférait être « international ». De plus, « Cash Register » était aussi trop petit et limité. Il s'attaquerait au marché des « Business Machines ». Voilà l'étincelle derrière la naissance d'IBM (International Business Machines). Un sentiment d'échec et de frustration transformé en un empire qui aura servi des millions d'utilisateurs d'informatique au monde.

D'autres succès nés d'une erreur

Saviez-vous que Thomas Edison a découvert le phonographe par erreur, en tentant d'inventer autre chose de totalement différent ? Que les Corn Flakes de Kellogg's ont été créés après l'oubli de blé bouilli dans une casserole toute une nuit ? Pourquoi le savon Ivory flottait-il ? Ce fut longtemps sa marque de commerce. Il s'était retrouvé ainsi parce qu'un lot de fabrication avait été laissé trop longtemps dans un mélangeur et qu'une trop grande quantité d'air s'y était incorporée. De plus, les fameux essuie-tout (de marque Scott) sont nés parce qu'une machine à fabriquer du papier hygiénique a mis par erreur plusieurs couches de papier ensemble.

Saviez-vous aussi que les inventeurs du célèbre Post-it Notes de 3M cherchaient une colle infaillible ? Que le Viagra de la compagnie pharmaceutique Pfizer est issu de recherches infructueuses sur un médicament pour les maladies du cœur ?

Comme quoi, parfois, le succès prend des visages et des virages tout à fait inusités et imprévus. J'en tire cette leçon que nos erreurs, nos échecs et nos succès sont issus de la même famille. Nous sommes sans contredit destinés à réussir.

«Dans le domaine des sciences,
les erreurs précèdent
toujours la vérité.»
Horace Walpole

52

LEÇONS DU GUERRIER MANDELA

Nelson Mandela a été élu le premier président noir de la République de l'Afrique du Sud. En 1993, il recevait avec le président sud-africain de l'époque, Frederik Willem de Klerk, le Prix Nobel de la paix pour leurs actions en faveur de la fin de l'apartheid et l'établissement de la démocratie dans le pays. Nelson Mandela est un véritable guerrier de la lumière. Voici deux anecdotes tirées d'un article de Richard Stengel paru dans le magazine *Time* le 21 juillet 2008, intitulé « 8 leçons pour être un bon dirigeant » et qui représentent bien le courage et l'humanisme de cet homme :

En 1994, il a effectué un voyage pour aller soutenir des partisans zoulous. Il se déplaçait en avion avec son personnel qui l'accompagnait partout. Alors qu'ils étaient dans les airs, un des moteurs de l'appareil tomba en panne, provoquant la panique à bord. De son côté, M. Mandela continuait de lire tranquillement son journal comme s'il n'y avait pas lieu de s'inquiéter. En voyant leur leader garder son calme, toutes les personnes qui l'accompagnaient se ressaisirent. Le pilote réussit finalement à atterrir et tout le monde en sortit sain et sauf.

Lorsque Nelson Mandela monta ensuite dans sa voiture où l'attendait un journaliste, il avoua tout de go qu'il avait eu une des plus grandes peurs de sa vie. En réalité, qui n'aurait pas eu peur ? Mais dans l'avion, le leader de l'ANC (Congrès national africain) savait que s'il montrait des signes de peur, la terreur s'emparerait de tout le monde, ce qui envenimerait aussitôt les choses et inviterait l'agitation à s'installer. Il lui fallait donc absolument maîtriser cette angoisse à l'intérieur et ne rien laisser transparaître à l'extérieur. Pour Mandela, le courage n'est pas l'absence de peur, mais bien plus la capacité de ne pas se laisser paralyser par elle. Ce faisant, on devient une sorte de « phare » pour les autres. Dans l'avion, en maîtrisant sa frayeur au point même de sembler dépourvu du moindre signe d'affolement, il « libérait » les autres des chaînes de leur propre peur.

En fait, ses longues années de militantisme anti-apartheid lui ont permis d'expérimenter ce principe à plusieurs reprises. En prison, notamment, il était très dangereux pour lui d'aller dans la cour tant la discrimination raciale était intense, haineuse et soulevait les passions. Mais il y sortait quand même et marchait fièrement, la tête haute. Tous ses compagnons le voyaient faire – et étaient aussi terrorisés que lui – mais ils reprenaient alors courage, gardaient espoir et retrouvaient la force de croire que tout était possible, en le voyant traverser la cour « sans peur ».

Investi de ce sentiment qu'il percevait avec autant de ferveur de la part des siens, Nelson Mandela était encouragé à son tour. Et pourtant, le point de départ était toujours le même : le courage à surmonter sa propre peur.

Et voici d'ailleurs comment il l'exprimait :

> « *Notre peur la plus profonde n'est pas que nous ne soyons pas à la hauteur. Notre peur la plus profonde est que nous sommes puissants au-delà de toute limite. C'est notre propre lumière et non pas notre obscurité qui nous effraie le plus. Nous nous posons la question :* « Qui suis-je moi, pour être brillant, talentueux et merveilleux ? « *En fait, qui êtes-vous pour ne pas croire l'être ? Vous êtes un enfant de Dieu. Vous restreindre et vivre petit ne rend pas*

service au monde. L'illumination n'est pas de vous rétrécir pour éviter d'insécuriser les autres. Nous sommes nés pour rendre manifeste la gloire de Dieu qui est en nous. Elle ne se trouve pas seulement chez quelques élus : elle est en chacun de nous, et au fur et à mesure que nous laissons briller notre propre lumière, nous donnons inconsciemment aux autres la permission de faire de même. En nous libérant de notre peur, notre présence libère automatiquement les autres. »

En plus de percevoir ici une leçon de courage et une piste à suivre pour outrepasser les limites de nos peurs et de nos blocages, je découvre également dans ce message, un thème qui me tient à cœur et qui me touche particulièrement : nous sommes destinés à réussir. Et lorsque nous acceptons cette réalité, nous éclairons non seulement notre propre route en étant un phare, mais nous guidons aussi le chemin de ceux qui nous suivent et nous entourent en irradiant de cette lumière intérieure qui nous anime.

Ne perdez jamais courage !

« Notre peur la plus profonde n'est pas
que nous ne soyons pas à la hauteur.
Notre peur la plus profonde est
que nous sommes puissants
au-delà de toute limite. »
Nelson Mandela

À propos de l'auteur

Spécialiste de la réussite personnelle et professionnelle, Marc André Morel se passionne pour le visage humain du succès depuis son adolescence, livrant son premier discours de motivation devant 1200 personnes à l'âge de 16 ans. Son histoire a même été publiée dans la version canadienne du succès mondial *Bouillon de poulet pour l'âme*.

En plus d'être l'un des conférenciers motivateurs les plus populaires du Québec, il est demandé ailleurs dans le monde pour avoir présenté avec succès ses programmes auprès d'une clientèle variée tels *Pfizer, Dundee, Nissan, gouvernement du Canada, London Life, Harley-Davidson, Century 21, Merck Frosst* et plusieurs associations, dans 5 pays, 16 États américains et des centaines de villes.

Auteur de best-sellers axés sur la réussite, il a été cité, publié ou interviewé dans plusieurs médias tels que: *Les Affaires, La Presse, Le Soleil, The Gazette, Le Droit, The Ottawa Citizen, RDI et TVA*.

Il enseigne la vente relationnelle à HEC MONTRÉAL, en plus d'avoir été reconnu «Professionnel de la vente agréé» ainsi que «Conférencier professionnel accrédité».

Marc André est fortement engagé auprès des jeunes afin de les aider à développer un sens du leadership en plus de promouvoir la vie et la persévérance scolaire.

Pour plus de détails sur ses différents produits et services, contactez-nous au 1 866.626.6735.

Spécialiste de la réussite et véritable allumeur d'étincelles, Marc André Morel offre des:

- conférences en entreprise;
- séminaires publics;
- téléséminaires;
- conférences-spectacles;
- séances de consultation;
- livres;
- CD;
- DVD;
- capsules audio;
- capsules vidéo.

Pour plus de détails ou pour commander ses produits flamboyants, visitez

www.marcandremorel.com

ou contactez-nous:

sans frais: **1 866 MA MOREL (626-6735)**

Montréal: **514 678-6296**

reussir@marcandremorel.com

Pour recevoir GRATUITEMENT chaque semaine une chronique par courriel, abonnez-vous au bulletin de la réussite de Marc André Morel en visitant

www.marcandremorel.com dès maintenant!